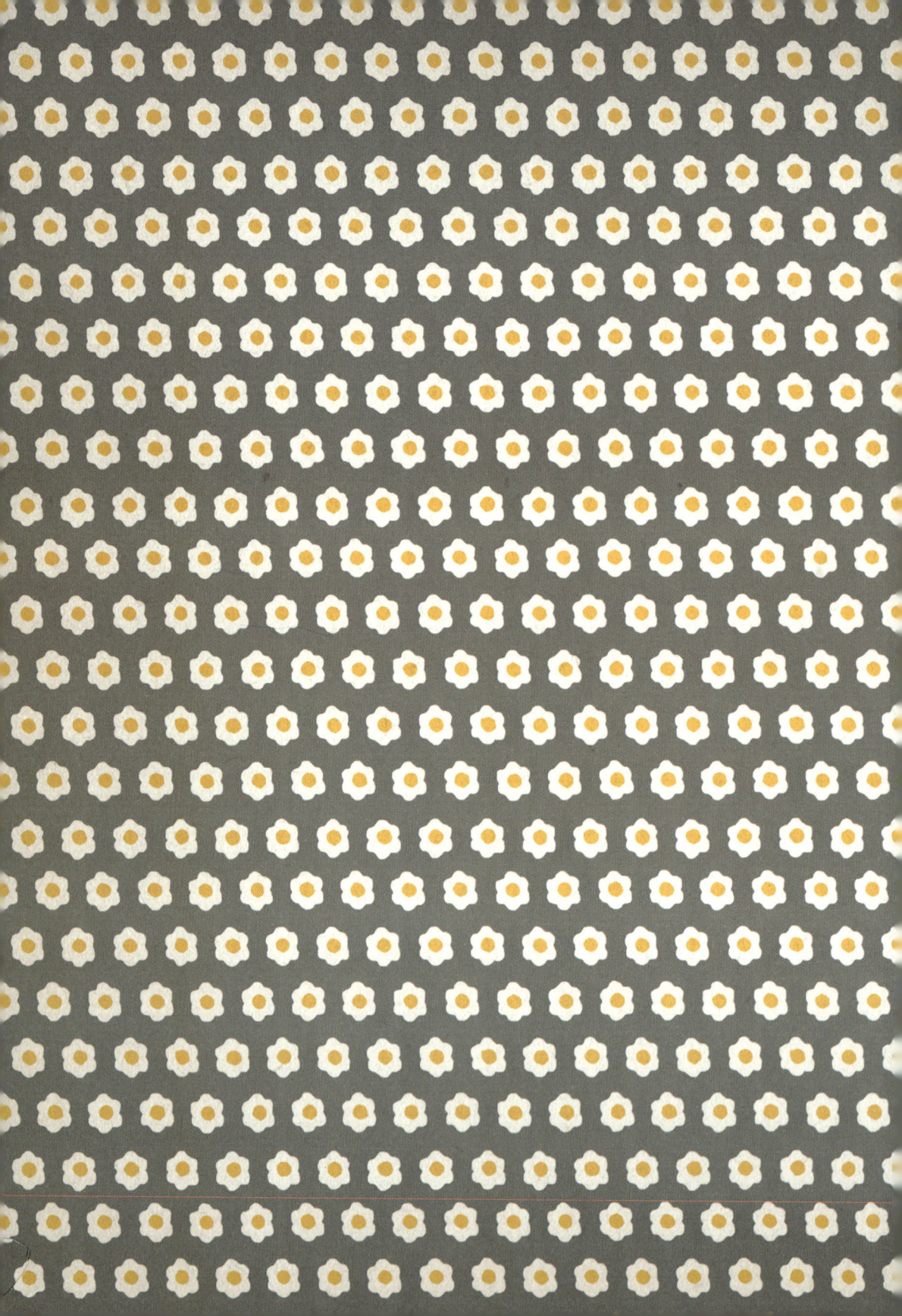

자유로운 믹스 매치 인테리어 22

파리지엥의 주방

파리지엥의 주방
자유로운 믹스 매치 인테리어 22
ⓒ 오윤경, 2012

초판 1쇄 펴낸날 2012년 10월 4일
초판 2쇄 펴낸날 2013년 1월 5일

지은이 오윤경
펴낸이 조영혜
펴낸곳 동녘라이프

전무 정락윤
주간 곽종구
책임편집 이미종
편집 구형민 윤현아 이정신
미술 조하늘 고영선
영업 김진규 조현수
관리 서숙희 장하나

디자인 민유경 (no stress)
인쇄·제본 새한문화사 **라미네이팅** 북웨어 **종이** 한서지업사

등록 제311-2003-14호 1997년 1월 29일
주소 (413-756) 경기도 파주시 문발동 파주출판도시 532-5
전화 영업 031-955-3000 편집 031-955-3004 전송 031-955-3009
블로그 www.dongnyok.com **전자우편** life@dongnyok.com

ISBN 978-89-90514-61-5 13590

- 잘못 만들어진 책은 바꿔 드립니다.
- 책값은 뒤표지에 쓰여 있습니다.
- 이 도서의 국립중앙도서관 출판시도서목록(CIP)은 e-CIP홈페이지(http://www.nl.go.kr/ecip)와 국가자료공동목록시스템(http://www.nl.go.kr/kolisnet)에서 이용하실 수 있습니다.
 (CIP제어번호: CIP2012004378)

파리지엥의 주방

자유로운 믹스 매치 인테리어 22

오윤경 지음

동녘라이프

Contents

Prologue — 006
00 저자 **오윤경**의 3가지 컬러로 꾸민 **나의 첫 주방** — 010

PART 1. 모던빈티지 주방

01 조에 드 라스 카스 Zoé de Las Cases의 오래된 물건을 리폼해 꾸민 **모던 주방** — 028
02 마리-피에르 모델 Marie-Pierre Morel의 시장통에 숨은 **예술가의 주방** — 044
03 마리 파르만 Marie Farman의 주방 가구 없는 **보보 스타일 주방** — 058
04 플로라 드 가스틴 Flora de Gastine의 오렌지 컬러의 에너지를 담은 **맞춤 주방** — 072
05 베아트리스 탕귈리 Béatrice Tinguely의 도시적 감성과 아날로그가 공존하는 **시스템 주방** — 084

PART 2. 내추럴코지 주방

01 아나벨 마르토 Annabelle Marteau의 엄마의 창고를 열어 재현한 **믹스 매치 주방** — 102
02 마리 베강 Marie Béguin의 80년대 레트로 감각의 **분리형 주방** — 116
03 스테파니 르롱 Stéphanie Lelong의 자연의 색채를 들인 **리폼 주방** — 128
04 소피아 안토노비치 Sofia Antonovitch의 키치 스타일을 믹스 매치한 **주방** — 142
05 마리옹 레비 Marion Lévy의 꽃으로 둘러싸인 **블록형 주방** — 156
06 수잔 베베르그-본옴므 Susanne Wehberg-Bonhomme의 사람과 예술이 만나는 **사교 주방** — 170
07 이자벨 아이야스 Isabelle Ayas의 빈티지 광고로 장식한 **프티 셰프의 주방** — 184
08 카티아 골드만 Katia Goldmann & 에두와르 페르아르노 Edouard Perarnaud 부부의 자연 친화적 삶을 꿈꾸는 **도심 속 주택의 주방** — 198

PART 3. 앤티크 주방

01 샹탈 토마스 Chantal Thomass의 소녀의 감성과 여인의 향기를 녹인 **로맨틱 주방**	216
02 리아나 야로슬라브스키 Liana Yaroslavsky의 1백년 된 **앤티크 주방**의 화려한 부활	228
03 델핀 파리엉트 Delphine Pariente의 앤티크 매장을 재현한 **빈티지 주방**	240

PART 4. 어반미니멀 주방

01 크리스텔 르 데엉 Christelle Le Déan의 원색으로 포인트를 준 **미니멀리즘 주방**	258
02 안 게스퇴르퍼 Anne Geistdoerfer의 공간의 소통을 강조한 **복도형 주방**	272
03 소피 스템퍼 Sophie Stampfer의 화가의 작품과 인생관을 건 **레드 컬러 주방**	286
04 프랑크 부와상 Franck Boissin의 요리하는 남자의 **최적의 주방**	300
05 엘로디 라레우스 Elodie Laléous의 한 폭의 그림처럼 벽 전체에 꾸민 **전면 주방**	314

Epilogue	328

Prologue

오래전부터 주방은 부산한 장소의 대명사였다. 우리나라 남자들에겐 금단의 공간이었지만 그들이 먹는 음식은 이 장소에서 만들어졌다. 큰 잔치가 있는 날이면 주방에서 후덕한 동네 아낙들이 함께 모여 일하고 수다 떠는 사이 잠시나마 근심을 잊을 수 있었다. 주방이 주거 공간 안으로 들어온 뒤에도 그 역할에는 큰 변화가 없었다. 귀가가 늦은 남편을 위해 밤참을 준비하고, 식구 중 누군가를 위해 정성스레 탕약을 끓이는 일이 좀 더 간편해졌을 뿐이다. 하지만 이때까지만 해도 주방은 일상의 뒷켠에서 다른 공간의 기능을 받쳐주는 조연에 불과했다. 주방에서 아무리 맛있는 요리를 만들어도 시식은 방에서 하고, 차를 마시는 장소도 거실이었다. 주방은 굳이 신경을 써서 바라볼 필요가 없는 장소, 다른 공간의 안락함을 지원하는 부수적인 공간이었다.

그런데 주방의 개념이 변하고 있다. 요즘은 어디를 가도 열린 주방을 쉽게 찾아볼 수 있다. 주방을 가두던 벽이 없어진 자리엔 파티션 가구와 아일랜드가 들어왔고 그 주변 인테리어가 변하기 시작했다. 주방이 집 안의 다른 공간들과 소통하기 시작했다는 증거다. 현대식 주방에선 요리하면서 식구들의 모습을 살피고, 티타임을 가지는 일이 자연스럽다. 이곳에서 음악을 듣거나 컴퓨터를 사용하는 일이 더 편할 때도 있다. 식기 디자인을 바꾸고, 주방가구를 고민하는 일은 기본이다. 누가 볼 새라 최신형 가전제품을 고르는 일, 소품들을 들이는 일이 하나의 프로젝트가 되었다. 어느새 주방이 우리의 삶에서 완전한 공간으로써 자리를 잡게 된 것이다.

프랑스인들의 주방에 대한 책을 엮어 보자는 편집자의 제안을 받았을 때, 나는 거창하게도 운명으로 여긴 것 같다. 주방하면 인테리어, 요리, 스타일링을 모두 다루어야 하는데, 세 분야가 모두 직업과 관심사와 관련된 내가 마다할 이유가 없었다. 음식 담음새는 물론 테이블 세팅도 작품처럼 할 거라는 선입견을 갖게 하는 예술의 도시에 사는 사람들이 아닌가? 아무렴 요리하는 공간인들 아무렇게나 해 놓을 리가 없었다.

내가 주방과 요리에 관심을 가지게 된 동기는 두 분의 엄마였다. 그 중에서도 주방에 대한 애착은 이 장소의 완전한 주인이 되지 못했던 친정엄마에 대한 일종의 보상심리였던 것 같다. 바깥일 때문에 늘 바쁘던 엄마의 예쁜 식기장을 볼 때마다 주방에서 가장 중요한 여주인이 빠져 있다는 현실을 느꼈으니까…. 다행히도 부족했던 2%는 생각지도 않은 곳에서 메꾸어졌다. 앞치마를 예쁘게 두르고 식구들을 위해 주말 만찬을 준비하던 프랑스인 시어머니로부터 말이다. 10년간 거의 한 번도 똑같은 메인 메뉴를 내놓지 않을 정도로 요리에 대한 아이디어가 무궁한 시어머니를 보며, 나는 엄마 없는 주방에 익숙했던 청소년기가 치유되는 느낌을 받았다. 시어머니를 통해 바라본 프랑스인들의 요리 사랑이 시작되는 곳, 엄마 없이 비어있던 내 어린 시절과도 겹치는 장소, 그 곳이 바로 주방이었다.

사적인 사명감도 작용했다. 누구보다 깔끔하게 주방을 관리하던 시어머니 곁에서 프랑스 주방 문화를 10년 이상 관찰하고 배워온 내가 아니면 누가 그들의 주방을 이야기 하겠나 싶었다.

7개월간 파리를 중심으로 22곳의 주방들을 취재하러 다녔다. 철거 허가가 나지 않는 파리시의 특성상, 대부분은 파사드만 남긴 채 내부 개조를 거친 곳이다. 오래된 도시의 오래된 건물이라서 공사 중 찾아낸 낡은 흔적이 많은 장소였다. 우리나라 사람들은 쉽게 반하겠지만 사실 다른 방법이 없어서 그들이 낡은 흔적과 공존해 사는 지도 모른다. 이왕 1세기가 넘은 철근 기둥을 보존해야 하는 김에, 나머지 스타일링도 그에 맞추어 낡게 가는 게 더 자연스러우니 말이다. 그렇다고 이 집들의 주인들이 일반인은 넘볼 수 없을 수준으로 잘 사는 건 아니다. 전문적인 지식이 필요한 설계도면은 어쩔 수 없더라도 대부분의 프랑스인들이 '혼자서도 잘해요'란 뚝심으로 작은 공사는 스스로 해결한다. 그런 의미에서 각 주방 꼭지의 마지막에 마련한 아이디어 페이지가 독자분들의 홈 스타일링에 도움을 줄 것이라고 생각한다. 남들처럼 해서는 '나만의 주방'을 갖지 못한다는 22인들의 충고처럼 각 공간에 맞는 응용력을 기르라는 바람을 담았다. 이 책에는 또한 파리지엥들이 가정에서 즐기는 음식 레시피를 실었다. 프랑스 문화를 알아갈수록 그들이 주방에 갖는 성스러운 마음을 공감하게 되어 이 주제를 수박 겉핥기식으로 다룰 수 없었다. 그 마음의 중심에 가족들과 함께하는 일상식이 있었다. 매일 먹는 요리도 최상의 재료를 골라 요리하고 세팅까지 세심하게 신경 쓰는 모습은 그들의 주방 사랑을 가장 단적으로 보여 준다. 프랑스 주방에 대한 호기심으로 이 책을 보는 독자라면 넘쳐나는 예쁜 디자인들과 반짝이는 응용 아이디어 사이에서 간과했던 주방의 의미도 되새겨보기를 권한다.

일 년 동안의 프로젝트를 마무리하자니 감사해야 할 분들이 많다. 먼저 '전문 포토그래퍼가 아니면 프로젝트 진행 불허'라는 철칙을 깨주신 김옥현 차장님, 파리행도 불사하시며 최고의 팀워크를 몸소 보여 주신 이미종 과장님께 깨알과 같은 감사의 인사를 전한다. 까다로운 주문에 일일이 대응해 멋진 디자인을 해 주신 민유경 디자이너님, 믿고 맡겨 주신 도서출판 동녘 관계자분들께도 고마움을 전하고 싶다.

이제는 온전한 나의 주방을 가지게 되었지만, 내게 아직도 '주방'은 많은 의미에서 엄마가 연상되는 말이다. 늘 믿어주시는 당신께, 가족들과 함께하는 식사의 가치를 보여 주신 시어머니께 그리고 주방에서 내가 하는 모든 일들을 처음처럼 응원하고 격려해 주는 남편 제롬에게 진심으로 감사드린다.

Special Thanks to
Ainsi, je ne veux manquer de remercier tous les participants ; Susanne, Marie Béguin, Béatrice, Franck, Anne, Flora, Elodie, Marie & Julien, Katia & Edward, Zoé & Benjamin, Marie-Pierre, Delphine, Stéphanie, Annabelle, Sophie, Isabelle, Liana, Marion, Sofia et Christelle. Je tiens à y ajouter surtout Mme Chantal Thomass qui m'a accueilli et autorisé la publication de ses photos. De même, à ma fidèle amie photographe Nicola Gleichauf qui m'a fourni gracieusement les photos de chez Mme Thomass. Je remercie également de tout mon cœur ma mère qui est un espoir pour moi, à ma belle-mère Minouche qui m'inspirait la valeur de la famille à travers de sa généreuse cuisine et enfin au soutien indéfectible de mon Amour Jérôme.

저자 오윤경

저자 **오윤경**

인테리어 스타일리스트
티에^{Thiais}, 약 60m² 빌라
blog.naver.com/omproduction

아직도 기억이 생생하다. 신중히 고른 티에의 빌라를 남편과 함께 방문한 늦가을의 어느 날이. 사실 우리에게 계약 자체는 크게 중요하지 않았다. 집세가 싼 것 외에는 보잘 것 없는 낡은 아파트를 7년 만에 떠난다는 사실 자체에 들떠 있었으니까. 널찍한 창문으로 빌라 앞의 분수대가 한눈에 들어오는 거실은 가슴이 뚫릴 만큼 쨍하게 밝았다. 파리에서는 아파트를 고를 때 채광을 가장 중요시하므로 보물같은 매물이었다. 오픈형 주방을 품은 거실에 들어서는 순간 우리는 서로 별 말 없이도 같은 결정을 내렸었다는 걸 알 수 있었다. 그로부터 2주일 후 살던 아파트에 미련 없이 인사를 고하고 새 집으로 향하는 동안 내 머릿속엔 어느새 나만의 주방이 꾸려지고 있었다.

첫 주방, 서른 다섯 살의 꿈을 모두 담다

정확히 말하자면 이곳은 내 두 번째 주방이다. 외풍이 심한 벽에 싱크대와 남에게 얻은 오븐, 작은 수납장 4개로 모자라 와인박스를 선반처럼 걸어 사용했던 아파트의 주방도 주방이라고 부를 수 있다면 말이다. 그때까지만 해도 우리는 양가 부모님들의 재정 지원을 받는 학생이었다. 번듯한 주방은 늘 꿈에서만 그리는 로망일 수밖에 없었다. 남편과 나의 취향을 담아 가구와 벽 색상을 고르는 재미, 주말에 지인들을 초대해 대접하는 즐거움이 없는 곳을 주방으로 인정하지 않기로 한 내게는, 그래서 이곳이 진정한 의미의 첫 주방인 셈이다.

이사 후 시부모님을 초대해 집들이하던 날, 그동안은 접대할 일이 없어 식기장에 장식해두었던 그릇에 음식을 담으며 얼마나 행복했던지…. 친정엄마가 사업 때문에 돌볼 수 없었던 휑한 주방이 내 소녀 시절의 한 켠을 아프게 했음을 그제서야 알게 되었다. 그래서 그 시절에 엄마가 마음으로만 해야 했던 요리를 나라도 이 주방에서 대신하겠다고 다짐했다. 신혼의 꿈에 부풀었던 당신이 아빠와 누리지 못한 로맨틱한 식사도 실현하고 싶었다. 하지만 그건 어쩌면 엄마를 핑계삼은 내 변명인지도 몰랐다. 가족들 모두가 식사준비를 도운 뒤, 함께 둘러앉아 여유롭게 식사를 하는 프랑스의 일반 가정의 모습이 무척이나 부러웠으니 말이다. 이제는 나도 진짜 주방이 생겼으니 여기서 만든 음식들로 그런 행복한 광경을 만들 수 있을 것 같았다. 매일 저녁 색다른 요리로 끊임없이 나를 환호하게 만든 시어머니처럼 프랑스에 존재하는 모든 음식도 만들어 볼 작정이었다. 바쁜 생활을 핑계로 할머니 따로, 부모님과 동생 따로 식사하던 기억들이 더는 아쉽지 않게, 바라만 봐도 흐뭇한 나만의 세계를 꼭 완성할 생각이었다.

수납 공간을 확장해 면적 $7m^2$ 주방을 $70m^2$처럼 쓰다

세입자라도 '머무는 동안은 내 집처럼, 최대한 행복하게 살자'고 마음먹은 것도 그때부터였던 것 같다. 처음엔 다른 곳으로 이사 갈 때 집주인이 원상태로 돌려놓으라고 할까 봐 망설여지기도 했다. 하지만 그것 때문에 구상한 도면을 포기하기엔 첫 주방을 가졌다는 흥분이 너무나 컸다.

당연한 얘기지만 예산은 최소한으로 잡아야 했다. 가장 중요한 건 수납장 확보. 시할머니도 보고 놀란 많은 살림들을 정리하려면 기존의 수납장으로는 어림없었다. 재미있었던 건 이런 상황을 보는 양가 부모님들의 판이하게 다른 반응이었다. 한국의 친정 부모님은 공간을 늘이기보다 짐을 줄이는 게 더 현명하다고 하고, 무엇이든 보관하는 문화에 익숙한 프랑스의 시부모님은 내 살림을 보고 어깨 한번 으쓱한 게 전부였다.

결국 가구 장인인 시아버지가 주방 개조를 도와 주셨다. 남편은 주말마다 초대 약속이 많은 아버지의 마음이 바뀌기 전에 서둘러야 한다며 일사천리로 개조할 주방 설계도면을 만들었다. 일단 수납장 문을 늘여 교체하면 천장 밑 자투리 공간까지 활용할 수 있을 것 같았다. 동시에 수납에 도움이 되지 않는 전자제품은 모두 치우기로 했다. 집주인이 이 아파트에 살 때 사용하다가 그대로 두고 나간 식기세척기가 반가웠던 건 잠시였다. 그 기계의 편리함을 왜 모르겠는가? 하지만 그대로 두고 쓰자니 세척기를 덜어내고 그 자리에 들일 수 있는 수납장의 용량이 엄청나게 느껴졌다. 고민 끝에 기계를 치우고 서랍장을 맞춰 넣기로 했다. 주말만 이용해 두 달간 릴레이처럼 이어진 개조의 끝이 보였다.

이 사소한 개조가 $7m^2$에 불과한 공간에 가져온 성과는 컸다. 열두 명을 동시에 초대해도 남을 식기, 커트러리 그리고 와인잔을 비롯해 베이킹 책을 출간했을 정도로 열성적으로 투자한 각종 틀과 기계, 재료, 도구가 깔끔하게 정리되었다. '주방이 아무리 커도 어차피 작다'란 세상 어머니들의 말에 공감하지만 이렇게 많은 물건들을 다 수납하고 보니 '주방은 아무리 작아도 결국은 크다'는 반대 공식이 성립되었다.

공간의 포인트가 된 진열장의 3가지 컬러

이사를 결정하기 몇 달 전, 한국의 한 잡지사로부터 기사 청탁을 받아 유명한 셰프인 피에르 에르메Pierre Herme를 인터뷰하러 그의 매장을 방문한 적이 있다. 쇼콜라를 활용한 디저트로 유명한 그답게, 매장의 기본 색상이 쇼콜라였다. 고백하건대 내 주방의 포인트로 정한 진열장은 그날 매장의 따뜻한 분위기에 영감을 받아 완성되었다. 반면 칸막이 진열장을 생각한 건 몇 년전부터였다. 어느 요리전문가의 블로그를 방문했다가 식기들을 구분해 전시한 진열장을 발견했던 것. 벽장에 수납하듯 그릇을 우르르 섞지않고 전시하듯 진열한 모습이 마음에 쏙 들었다. 그러니 나의 주방 포인트는 당연히 쇼콜라 컬러의 칸막이 진열장이었다. 사실 내 바람은 그릇과 소품을 진열하는 일반 가구로써의 기능만은 아니었다. 콘셉트상 이 블럭이 주방과 다이닝 룸, 거실의 분위기를 한번에 읽을 수 있는 함축판이 되기를 바랬다. 그래서 진열장에 쓸 색상을 고르는 일은 너무나 중요했다. 색상은 에르메 셰프의 매장을 보고 선택한 브라운을 포함해 3가지 이하로 제한하는 게 좋을 것 같았다. 아이러니하게도 나머지 컬러 결정은 오히려 충동적으로 이루어졌다. 그해 가을 카스텔바작JD de Castelbajac의 패션쇼에서 받은 포스터 한 장을 간직하고 있었는데 볼수록 그 비비드한 컬러에 기분이 좋아졌다. 이 컬러들 중에 한 가지를 주방에 사용하고 싶은 마음이 생겼다. 그 중에 왜 하필 핫핑크를 골랐는지는 나도 설명할 길이 없다. 지금 생각하면 창가에서 멀어 오후에 그늘 진하게 드는 주방의 어두움을 보완할 색상으로 핫핑크가 최고라는 판단을 했던 것 같다. 머스터드 컬러도 우연히 골랐다. 식탁만은 꼭 빈티지로 구입하리라 결심하고 2주째 벼룩시장에서 발품을 팔던 중이었다. 드디어 맘에 쏙 드는 데크 테이블을 발견했는데 그 옆에는 테이블과 전혀 다른 스타일의 의자가 놓여 있었다. 블랙의 등받이 가장자리가 개성이 넘치는 의자였다. 남편은 60년대 이탈리아 디자인이란 주인의 설명에 꽤 관심을 가지는 듯했지만, 나는 그보다 의자의 머스터드 쿠션 컬러가 더 맘에 들었다. 우리 마음에 쏙 든 의자는 유니크하고 식탁과도 묘하게 잘 어울려서 지금까지 사용하고 있다. 물론 3가지 색상이 서로 조화롭지 않았다면 어느 하나를 바꿔야 했을 것이다. 전체 공간의 이미지를 함축하고 있는 진열장을 짜 넣고 사연이 담긴 색상을 칠하는 동안 나는 정말로 정말로 행복했다. 나만을 위한 주방이 서서히 만들어지는 중이었으니까.

추억 속의 요리, 그보다 그리운 사람들

살다 보면 도무지 잊을 수 없는 일들이 있다. 첫사랑, 첫 키스, 첫 출산, 첫 해외여행···. 돈으로 환산되지 않는 이런 기억들은 신기하게도 시간이 흐를수록 더 선명해진다. 나는 그 기억에 몇 가지 요리를 보탠다. 가장 아끼던 큰 손녀인 내 떡국에만 더 풀어 주시던 할머니의 경상도식 쇠고기 강장, 비 오는 날이면 프랑스인 남편마저 입맛을 다시는 친정 엄마의 바삭한 고추전, 요리와 담쌓고 살아도 기절할 정도로 맛있는 이모의 닭볶음탕 그리고 처음으로 집에 온 외아들의 여자친구를 위해 시어머니께서 차리신 풀세트 식사···.

내 주방을 단장하고 나서 그 음식들을 몇 번이나 재현해 보고자 했다. 지인들을 초대해 함께 즐기는 프랑스의 문화를 따르되 추억이 담긴 한국 음식들을 소개하고 싶었다. 할머니나 엄마보다 더 좋은 재료와 최신 주방기구들이 있으니 당연히 더 맛있을 거라 확신하면서···. 그런 자신감으로 엄마가 보내준 된장을 가지고 당신이 일러준 대로 국을 끓였다. 시댁 식구들을 초대한 어느 일요일에는 오렌지컵을 만들어 오렌지탕수육을 예쁘게 담아내기도 했다. 아직도 손녀 생각을 하며 쇠고기 강장을 만든다는 할머니의 재료로 떡국도 만들었다. 이해할 수 없었던 건, 모두가 감탄했던 그 요리들이 내 추억 속의 투박한 음식 맛을 지우지 못한다는 사실이었다. 그러고 보면 최고의 조미료는 가슴 속에 정답게 남아 있는 추억의 순간들이란 셰프들의 말이 사실이긴 한 모양이다.

카스텔바작 JD de Castelbajac의 패션쇼에서 받은 포스터. 첫 주방 꾸미기에 영감을 주었다.

포인트 조명에 대한 몇가지 상념

유럽의 주방을 처음 봤을 때 나는 '이런 조명 아래서 어떻게 살아?' 라고 생각했다. 형광등으로 한 공간의 구석구석 환하게 비추는 우리나라를 떠난 지 얼마되지 않았을 때였다. 그랬던 내가 부분 조명에 관심을 갖게 된 건 시부모님의 아파트를 방문하면서였다. 주방에만 조명 콘센트가 3개, 20㎡ 남짓 거실에는 5개나 되었다. 같은 공간인데도 조명 위치에 따라 불을 밝혔을때의 분위기가 달라지는 걸 안 건 인테리어 디자이너인 내게 큰 수확이었다. 특히 포인트 조명에 대한 관심은 일종의 집착이 되었을 정도다. 알맞게 설치한 주방 조명은 요리를 더 먹음직스럽게 비추고 식탁 주변 분위기까지 좌지우지한다. 식사용 테이블과 아일랜드 식탁 위쪽에 설치한 포인트 조명은 아직 주방 개조가 한창일 때 완성해 놓았던 밑그림이었다. 조명만은 그대로 두고 쓰자던 남편이었지만 포인트 조명을 내린 테이블은 이제 그가 가장 혜택을 보는 장소다. 해가 뜨는 시각이 늦은 겨울아침 출근길에 더이상 전체 등을 켜고 식사를 하지 않아도 되기 때문이다.

이제 내 주방이 완벽한 주방인가 자문하는 내게, 나는 소녀 시절 이 공간에서 꿈꾸던 모든 일을 한번쯤은 실현해 보았다는 말로 대답을 대신하고 싶다. 시간과 재력을 들여 미치도록 로맨틱하게 꾸민 디자이너의 주방에 견주려는 것이 아니다. 이 주방에서 식구들과 옹기종기 모여서 하지 못했던 식사들에 대한 보상을 받았고, 소중한 모든 이들에게 따뜻한 식사 한 끼 대접할 수 있는 너그러움을 익혔다. 주방의 정신을 배우는 것, 주방에 대한 여자의 로망은 이렇게 발전하는 것 아닐까?

1. 가전제품 디자인으로 유명한 이탈리아 브랜드 스메그[Smeg]의 오븐. 컨벡션 시스템이며 예약 조리 기능 외 10여 가지의 조리법을 지원한다.
2. 매일 홍차를 마시는 나의 라이프 스타일을 증명하는 대목. 티 포트는 포숑[Fauchon], 잔 비에브 레튜[Geneviève Lethu], 니나스[Nina's] 외 핸드메이드 제품이 대부분이며 차는 마리아주 프레르[Mariage Frères].
3. 데크 테이블에는 러너를 깔았다. 와인잔과 접시는 아비타[Habitat], 러너는 코트 퀴진[Cote Cuisine] 제품이며 초록색 물잔은 벼룩시장에서 구입한 것. 접시 매트는 직접 만들었다.

1
2 3

나의 주방 꾸미기

사진이나 색감있는 책을 활용해 벽을 꾸민다

가장 손쉽고 저렴하게 장식할 수 있는 사진. 소재를 통일해서 찍은 사진을 모으면 의외로 멋진 효과가 있다. 굳이 액자에 넣을 필요도 없다. 마스킹테이프를 이용하거나 리본으로 연결해 한 면 가득 사진을 채워 보자. 화려하면 화려한 대로, 소박하면 소박한 대로 유니크한 스크린 작품이 만들어진다. 색감이 다양한 책도 괜찮다. 페이지를 바꿀 때마다 벽 전체가 달라지는 기분이 든다.

오픈 공간의 공통 분모를 찾는다

주방과 거실 사이에 경계가 없는 오픈 구조는 한동안 인기를 끌 전망이다. 하지만 오픈 상태에서도 기능을 나누는 일이 중요하다. 각 공간에 맞게 포인트를 주는 방법도 좋지만 먼저 전체 분위기를 요약할 수 있는 아이템을 정한다. 그림 한 점, 습작 사진, 감동 받은 책 등 정한 아이템의 내용과 연관되는 색깔이나 모티프를 각 장소에 응용해 보자. 질서 없어 보이던 공간이 어딘지 모르게 디자인된 듯한 느낌을 분명 갖게 된다.

1er

2e

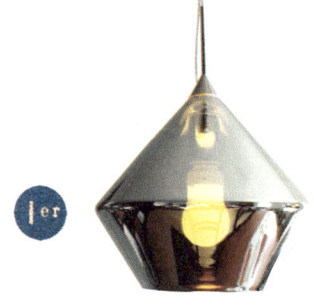

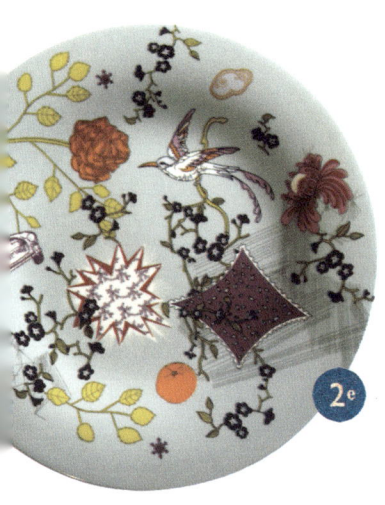

나의 주방 소품

1. 포인트 펜던트 조명, 유리 소재라 불이 들어오면 투명해진다. 아비타Habitat 제품.
2. 3. 패턴이 화려한 접시는 세워두면 인테리어 소품 역할을 한다.
4. 프랑스 명품 식기 브랜드 지앙Gien의 미니 접시.
5. 베이킹을 좋아해 케이크 스탠드를 수집한다.
6. 영국 디자이너의 냄비받침. 나뭇잎 모티프가 심플하다.

4e

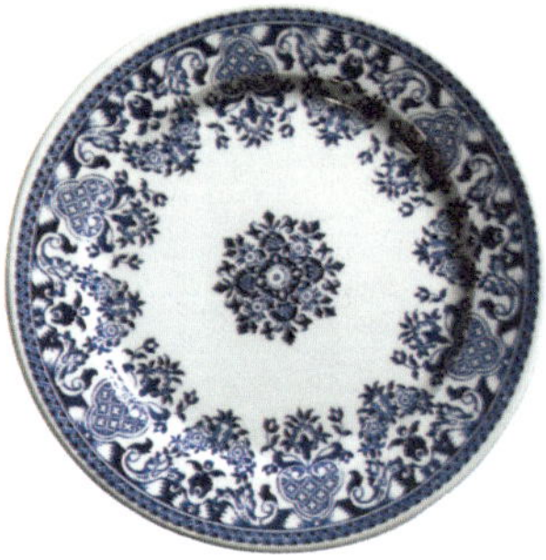

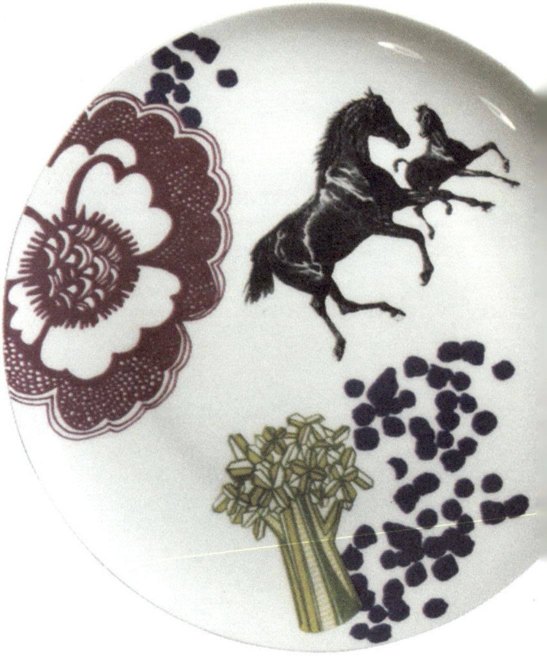

3e

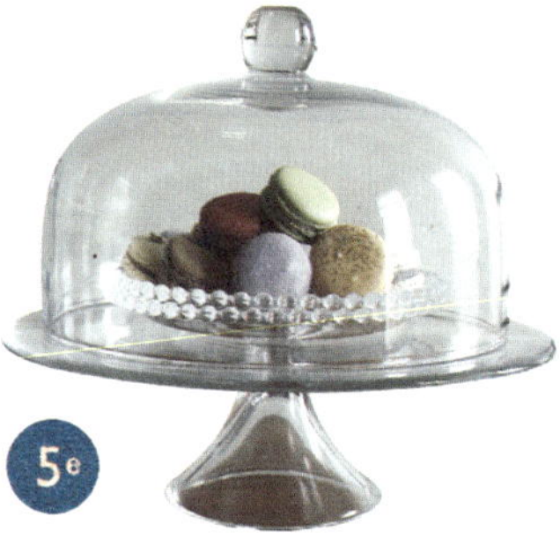

5e

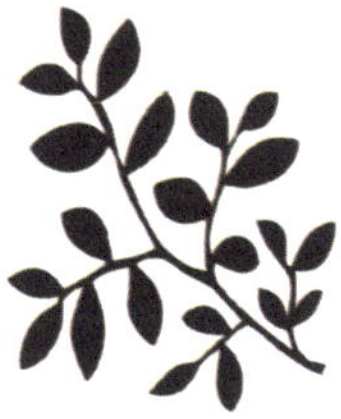

6e

나의 레시피

사과파이는 사과가 특산물인 노르망디 지역이 본고장이다. 가장 소박한 과일인 사과가 주재료이다 보니 레시피만 해도 수십 가지에 이르지만, 프랑스인들은 오븐에서 갓 구운 뜨거운 파이 윗면에 럼주 1~2큰술을 둘러 가볍게 태워 먹는 정통 요리법을 좋아한다. 이 요리는 내게도 특별한 사연이 있다. 인사를 드리기 위해 남편의 부모님댁을 처음 방문했던 날, 시어머니가 준비한 디저트가 사과파이였다. "비키세요!"란 외침과 함께 어머니가 가져온 디저트에 시아버지가 성냥불을 긋자 파이 위로 파란 불꽃이 몇 초간 머물렀다 사라졌다. 불꽃이 럼주를 태우고 지나간 뒤 그날 처음 본 프랑스인들의 가정식 같은 정다운 향기가 묻어났다. 시어머니께서는 점점 더 내 디저트가 맛있어진다고 칭찬하시지만 이 요리는 이제는 먹을 수 없는 당신의 타르트를 그리워하며 만든 것이다.

사과파이

재료 28cm 타르트 틀 1개분

사과 콩포트(조림) 홍옥 500~600g, 황설탕 100g
꿀 50g, 버터 20g, 시나몬 가루 적당량, 시판 파이지 2장
달걀물 약간(달걀 1/2개 분량, 물 1작은술)

 이렇게 만드세요

1 깎은 사과는 껍질을 벗기고 씨를 제거한 뒤 블렌더로 곱게 간다. 씹는 맛을 선호하면 대충 간다.

2 밀크팬에 황설탕과 꿀, 버터를 담아 중불에서 완전히 녹인다. 여기에 ①을 넣고 그대로 졸여 최대한 즙을 증발시켜 실온에서 완전히 식힌다.

3 타르트 틀 위에 파이지 1장을 올린다. 나머지는 평평히 펼친 채 잠시 냉동보관한다.

4 사방 1cm씩 공간을 남기고 ②를 펴 올린다.

5 냉동 보관했던 파이지를 꺼내어 윗면에 덮는다. 윗면에 올린 파이지의 가장자리를 조금 남기고 :I: 모양이 되도록 반복해서 칼집을 낸다.

6 양손을 이용해 ⑤의 파이지 한쪽을 잡아 당긴다. 그물 모양이 나오도록 조금씩 만지되, 파이지가 금방 물러지므로 재빨리 작업한다.

7 윗면 가장자리만 살짝 들어 사방에 달걀물을 바른다. 윗면의 그물 모양 파이지에도 달걀물을 바른다.

8 180℃로 예열한 오븐에서 15~20분간 굽는다. 윗면이 너무 타면 중간에 호일을 덮어 계속 굽고 반대일 경우, 굽는 시간을 5~10분 늘인다.

9 오븐에서 꺼내어 완전히 식으면 주변의 파이지를 빵칼로 잘라 정리한다.

TIP 오븐에서 꺼낸 뜨거운 파이 위에 럼주를 1~2큰술 끼얹고 재빨리 성냥불을 붙인다. 알코올이 탄 냄새가 파이에 배어 다른 맛이 난다.

PART 1. 모던빈티지 주방

요즘 프랑스에서는 옛 것을 현대 감각과 조화롭게 섞은 '모던 빈티지' 스타일이 최고의 트렌드로 떠오르고 있다. 부모님이 사용하던 소품 하나도 쉽게 버리지 못하는 프랑스인에게 다양한 스타일을 조화롭게 꾸미는 유행은 거부할 수 없는 매력이다.
모던빈티지 스타일은 '믹스 매치' 라는 이름으로 넓게 해석된다. 즉 여러 가지 느낌의 물건을 어떤 공간에 매치하는지, 원래 공간의 매력을 얼마나 잘 살렸는지 여부를 가장 중요시한다.
소개하는 다섯 곳의 주방은 모두 개조한 공간이지만, 개조 전 공간의 느낌을 최대한 살렸다. 매트리스 공장에서 사용하던 개수대가 현대적인 집에서 어떤 매력을 발휘하는가를 주목해 보자. 아이템 하나하나의 특징보다 공간의 콘셉트를 따라 배치할 때 나다운 주방이 탄생한다는 사실에 공감하게 된다.

01
오래된 물건을 리폼해 꾸민 모던 주방

조에 드 라스 카스 Zoé de las Cases

소품 디자이너
파리 17구, 120m² 아틀리에-로프트✪
www.shop.zoedelascases.com
www.jaimeblanc.com | 조에의 소품 한국 구입처

조에 드 라스 카스는 이세이미야케 Issey Miyake 와 랑방 Lanvin 같은 명품 브랜드로부터 텍스타일 콜라보레이션을 제안받을 정도로 성공한 소품 디자이너다. 일본 제과점의 패키지 디자인을 마무리하고 오픈식 초대 준비로 바쁜 그녀를 설득해 겨우 약속을 잡았다.

어린 시절 잘 사는 친구집에 놀러 가 본 기억이 있는 사람은 이해할 것이다. 화장품 향기가 밴 엄마의 공간을 그대로 옮겨놓은 듯한 친구의 예쁜 방이 얼마나 큰 부러움의 대상인지…. 조에의 작업실이자 주거 공간인 로프트에 들어서자 잊고 있던 아련한 감정이 스멀거리며 고개를 든다. 바닥과 벽을 밤나무와 흰색으로 통일한 내추럴한 공간에는 직접 디자인한 제품들과 앤티크 소품들이 거실과 작업실은 물론 주방, 욕실까지 파노라마를 이루고 있었다.

✪ **아틀리에-로프트** Atelier Loft | 공간을 벽으로 분할하는 아파트와 달리 한 공간을 나누지 않고 사용하는 주거 개념. 원래 공장으로 지었지만 오랜 시간이 지난 후, 매입한 사람이 개조해 용도를 바꾼 공간을 말한다. 주로 도시가 문화유산으로 지정된 파리, 로마, 뉴욕에서 볼 수 있다.

간격을 두고 배치한 소품 디스플레이로 공간을 구분 짓다

4년 전 조에는 웹 디자이너인 남편 벤자민과 정비공장 전체를 개조해 현재의 로프트로 꾸몄다. 부부가 처음부터 로프트만을 고집한 건 아니지만 파트 타임으로 고용한 디자이너들이 부담 없이 출퇴근할 수 있으려면 면적 확보가 가장 중요했다. 그들이 가진 예산으로 사무실과 개인 공간을 동시에 마련할 수 있는 유일한 방법이 개조였기 때문에 주거지 용도 변경 신청을 한 뒤 6개월에 걸쳐 큰 공사를 마쳤다.

"작업실과 개인 공간을 뚜렷이 구분하되 벽으로 가리고 싶진 않았어요. 원래 막히지 않은 하나의 공간이란 점도 부각시키고 싶었고요."

이 집에는 색감과 재질, 디자인이 다른 소품이 한 공간에 공존하고 있는데, 신기하게도 제각각인 물건들이 산만하다는 생각이 들지 않는다. 그 이유는 간단하다. 소품들을 무작정 나열하기보다 한 덩어리씩 묶어 일정한 간격을 두고 배치했기 때문이다. 주방만 보더라도 식탁이 있는 자리와 조리 공간 그리고 레드 컬러 오디오 사이에 걸리적거리는 요소가 하나도 없다. 한 벽을 채우면 바로 옆 벽은 비우는 것이 조에의 스타일링법이다.

이때 꼭 지켜야 할 원칙이 하나 있다. 남편과 디자인 작업을 함께 하는 사무 공간의 물건들은 그 경계를 벗어나지 않을 것. 거실 콘크리트 수납장 속의 책과 수집한 소품, 주방용품, 탁자에 놓인 잡동사니도 마찬가지로 늘 정해진 자리에 놓는다. 물건의 개수가 많아도 정해진 범위를 지키니 자연스럽게 공간을 구분하고 소품 하나하나의 가치도 살아나는 듯하다.

선반은 그녀의 소품 사이트에서 판매하는 포스터 두 점과 자투리 나무에 쓰고 남은 가죽을 커버링해 만든 메모판, 작은 저울로 장식했다.

낡은 것과 새 것의 조화가 돋보이는 조에의 주방. 컬러
풀한 그림과 현대적인 주방기구가 세련되어 보인다.

리폼은 낡은 물건을 되살리는 즐거운 놀이

"벼룩시장을 구경하며 앤티크 소품 사는 걸 좋아하긴 해도 이곳이 오스만 스타일✪ 건물이었다면 아마도 다른 데커레이션을 시도했을 거예요. 여긴 거친 일을 하던 공장이었으니까 말끔하게 꾸미기보다 어딘가 모자라고 흠있는 가구들을 이용하면 어울리겠다고 생각했죠."

마침 인터넷 경매 사이트에서 찍어둔 낡은 작업대를 적정한 가격에 낙찰받았다. 원래 70~80년대 원단 가게에서 원단뭉치를 올려놓고 자르던 작업대였는데 거실과 주방의 경계에 두기에 크기가 적당할 것 같았다. 작업대에 오븐과 가스레인지를 빌트인하고 남은 공간에 주방용품을 정리한 걸 보니 이 물건을 잘 활용할 수 있는 최고의 장소를 찾은 듯싶다.

식탁 의자는 한국의 교실에서도 볼 수 있는 것으로, 한 개는 줍고 나머지는 벼룩시장에서 추가로 구해 배치했다. 텍스타일과 소품 디자인을 하는 직업 덕분인지 빈티지 물건을 알아보는 그녀의 안목이 평범하지 않다.

이 외에도 처음부터 의도해 직접 페인트를 칠한 왼쪽의 수납창고와 냉장고를 감싼 프레임의 높이를 맞춰 주방에서 완벽하게 대칭을 이루도록 했다. 수납창고에 비해 냉장고의 높이가 낮아 불안정한 인상을 주기 쉬운데 콘크리트 프레임으로 균형을 잡아 다이닝 룸과의 경계를 깔끔하게 마무리했다. 포스터를 올린 선반도 단순한 장식이 아니라 대칭의 효과를 굳히기 위한 도구에 가깝다. 색상이나 디자인 면에서 냉장고 프레임 위 앤티크 소품들과 수평적 조화를 연출하는 코너. 결국 조에의 공간은 기능과 디자인을 고려해 만든 짜임새 있는 오픈 하우스가 아닐까?

✪ 오스만 스타일 Haussmannien Style | 19세기에 파리에서 축조된 대부분의 석조 건물 양식. 당시 도시 계획 행정관이었던 오스만 백작의 이름을 땄다.

1
2 3

1. 벼룩시장에서 거저 얻다시피 한 70년대 탄산음료 박스에는 허브와 양념병을 보관한다.
2. 코지 공간의 나무 선반장 역시 길거리에서 주운 것. 빈티지한 소품을 두어 장식한 뒤 옆에는 가족들의 어릴 적 사진을 쪼르르 걸어 의미 있는 갤러리로 꾸몄다.
3. 수납창고 문은 칠판 페인트로 칠했다. 냉장고를 감싼 프레임과 대칭을 이뤄 안정감을 줄 뿐 아니라 메모를 할 수 있어 실용적이다. 직접 디자인한 냉장고 자석이 아기자기하다.

조에가 뉴욕의 벼룩시장에서 우연히 발견한 뒤 2년간 수집한 미니어처 컬렉션. 그녀의 쇼핑몰에서 가장 인기 있는 조립 미니어처의 모태가 된 소품이다.

Paris Kitchen

그녀의 주방 꾸미기

조명은 3:3:3 법칙으로 설치한다

조명만 변화를 줘도 밋밋한 주방에 활기가 생긴다. 요즘 주방에 가장 많이 사용하는 펜던트 조명을 식탁이나 아일랜드 위에 설치하면 따뜻한 느낌을 낼 수 있다. 특히 오픈 구조인 경우에는 3:3:3 법칙에 따라 조명을 두면 효과적이다. 즉 주방, 욕실, 거실 등 공간별로 조명을 설치하는데 한 공간마다 3개의 펜던트 조명을 다는 것. 등의 개수가 많으므로 디자인은 되도록 심플한 것으로 고르고 면적에 따라 크기는 변화를 준다. 다양한 작업이 이뤄지는 주방은 알루미늄 등을, 섬세한 무드가 중요한 거실에는 유리 등을 단다.

천연 소재로 리폼한다

리폼이란 물건을 고쳐 다시 사용하는 것으로 시간이 지날수록 더 멋이 나게 하려면 리폼할 소재를 잘 선택해야 한다. 합판 조각으로 만든 협탁은 아무리 예뻐도 오래 소장할 만한 가치가 없다. 나무나 철 등 천연 소재를 이용해야 시간이 지날수록 빈티지한 매력이 더 살아난다. 소재를 고른 후에는 사포질과 소독 등 전 처리를 거쳐야 한결 고급스러운 빈티지 물건으로 재탄생된다.

주방 필수품을 이색 소품으로 활용한다

주방은 물과 열을 사용하는 공간이다. 아무리 소품이 예뻐도 일할 때 방해가 되는 일은 금물. 사용 빈도가 낮은 소품 대신 주방 필수품을 활용해 장식 효과를 내는 발상의 전환이 필요하다. 조에는 벼룩시장에서 구입한 60년대 저울 위에 시즌이 지난 크리스마스 트리용 조명을 담았다. 애물단지가 된 조명이 개성 넘치는 작은 공간을 완성했다.

조에의 의자

한국에서도 쉽게 찾아볼 수 있는 의자. 남들은 보고 지나칠 법한 오래된 벽지를 모아 두었다가 의자에 특별한 옷을 입혔다. 벌써 4년이나 흘러 벽지가 바래고 심하게 벗겨졌지만 조에의 눈에는 이런 흔적마저도 사랑스럽다.

그녀의 레시피

이탈리아 전통 요리인 라자냐는 다른 파스타와 마찬가지로 어떤 재료를 넣느냐에 따라 그 맛이 천차만별이다. 토마토 소스에 다진 쇠고기를 넣은 볼로네즈 라자냐가 가장 일반적이지만 시금치, 가지로 만든 채식주의자를 위한 메뉴도 요즘 프랑스의 젊은층 사이에서 인기를 끌고 있다. 중요한 것은 주재료가 고기일 때 토마토 소스로 균형을 잡는 볼로네즈와는 달리, 채소가 주재료가 되는 라자냐는 소스를 약간 무겁게 조정하는 것이다. 알칼리 식품인 채소와 크림 치즈는 궁합이 좋아 소스의 풍미를 깊게 만들어 준다. 우리나라 수정과에 잣을 띄우듯 채식 라자냐에 잣을 뿌리면 더욱 맛있다.

채식라자냐

재료 4~6인분

라자냐 250g, 가지 3개, 소금·올리브 오일 약간씩
페스토 소스(사워크림 200g, 올리브 오일·크림 치즈 150g씩
파르메산 치즈가루 70g, 바질 잎 60g, 마늘 3톨, 잣 3큰술
소금 1/2작은술)

이렇게 만드세요

1 믹서에 바질 잎과 마늘, 잣, 소금을 넣고 간다. 여기에 올리브 오일과 파르메산 치즈가루를 넣고 다시 곱게 간다.

2 볼에 크림 치즈를 담고 거품기로 저어 푼 뒤 사워크림을 넣고 섞는다. ①을 넣고 섞어 페스토 소스를 만든다.

3 가지는 길이대로 이등분해 찜통에서 20분간 푹 찐다.

4 믹서에 ③과 소금을 넣고 곱게 간다.

5 끓는 물에 라자냐를 넣고 1분간 데친다.

6 그라탱 용기에 올리브 오일을 고루 바른 뒤 데친 라자냐를 깐다. 그 위에 간 가지를 얹고 다시 라자냐, 페스토 소스 순으로 올린 뒤 200℃로 예열한 오븐에 10분간 굽는다.

TIP 페스토 소스는 2배 분량으로 만들면 2주간 냉장 보관할 수 있다. 크림 치즈 대신 리코타나 마스카포네 치즈를 넣어도 맛있다.

02

시장통에 숨은
예술가의 주방

마리-피에르 모렐 Marie-Pierre Morel

사진작가
파리 10~11구, 130m² 아틀리에-로프트
www.mariepierremorel.com

마리-피에르의 아틀리에 내부만 보고 파리의 20구역 중 그 위치를 제대로 짐작하는 사람은 한 명도 없을 것이다. 그녀가 준 집 주소는 중국, 인도, 아랍 상점들이 끝없이 이어지는 10~11구에 위치한 벨빌 거리. 와자지껄한 곳에 멋진 로프트가 있다는 사실이 신기했지만 놀랍게도 그녀의 공간은 외부 소음으로부터 100% 차단되어 있었다. 하긴, 이런 보석 같은 곳이 존재하기에 파리가 파리다운 것이다. 메이드 인 차이나 제품만 판매하는 옷가게 사이에서 눈에 잘 띄지도 않는 허름한 건물 입구를 찾아냈다. 그리고 다시 하나의 통로를 거쳐 들어간 마리-피에르의 로프트는 마치 앨리스의 '이상한 나라'에 도착한 기분을 선물했다.

'낡음의 미학'을 재현한 로프트

50대임을 믿기 어렵도록 아름다운 마리-피에르는 마리끌레르 메종$^{Marieclaire\ Maison}$, 엘르 데코$^{Elle\ Deco}$ 등 프랑스의 유명 잡지에서 20년 이상 활동한 베테랑 사진작가다. 나와 그녀의 인연은 신기함에 가까웠다. 건축학교 1학년 시절, 학기 마지막 프로젝트로 '화가의 아틀리에' 설계를 과제로 낸 교수님은 작품의 기준이 될 만한 사진을 잡지나 책에서 찾아와도 좋다고 했다. 마침 구독하던 마리끌레르 메종에 허물어질 지경의 공장을 사서 100% 개조 한 사진작가의 아틀리에 로프트가 실렸다. 메탈 소재의 푸른빛이 감도는 분위기가 맘에 들어 기사를 스크랩한 이후 그 곳은 '나도 언젠가 파리에 집을 얻게 된다면…'이라는 질문에 대한 답이 되었다. 그런데 12년 후, 지인의 소개로 찾은 장소가 그 멋진 아틀리에 로프트였다니, 이런 걸 필연이라고 부르나 보다. 주방에서 바라본 로프트 내부는 콘크리트가 그대로 드러난 벽, 산업혁명 시절을 구현하기 위해 사용했다는 메탈 창문틀과 전 주인이 두고 간 철제 수납장 등이 비현실적으로 놓여 있다. 고급 벽지와 트렌디한 소품들이 만들어 내는 틀에 박힌 스타일링과는 한참 거리가 멀었다. 대신 습작 사진, 그림 그리고 시간 날 때마다 펼쳐 든다는 책이 조화롭게 어우러져 개조한 지 15년된 로프트의 매력을 발산하고 있었다. 하지만 이 멋스러운 장소에도 치명적인 단점이 있었다. 건물이 북향이라 자연광을 기대하기 어려웠던 것이다.

"파리에 살려면 어느 한 부분은 포기해야 하잖아요. 면적, 구역, 개조 공사비 등 많은 조건 중 전경 하나만 포기했을 뿐이에요. 사진 촬영을 겸할 작업실로 쓰기에는 오히려 안성맞춤이었죠."
단점을 극복하기 위해 서재 쪽 천장에 채광 창을 내고 파티오✪까지 만들자 다락방 안 빛이 최대화되었다. 개인 공간이 있는 2층을 제외하고 마리-피에르가 가장 오래 머무는 서재, 컴퓨터 작업실, 촬영 공간은 모두 이 파티오를 따라 경계 없이 연결된다. 단 한 곳, 주방은 다른 부실과 동선이 편하면서 유일하게 벽으로 나눠졌다.

✪ 파티오^{Patio} | 집 내부를 거쳐 진입하는 안뜰.

치명적인 단점을 가진 북향 공간을 사진작가의 아틀리에로 멋지게 개조했다. 주방에서 다락방을 설치한 서재를 바라보면 하루 종일 책만 보고 싶은 생각이 들 정도다.

옛 모습을 간직한 주방에 소품으로 온기를 불어넣다

그녀의 주방은 보헤미안의 자유로움과 예술가의 과감함이 보기 드물게 조화된 공간이다. 프랑스인들은 웬만한 빈티지 가구나 맞춤형 공간을 보고 쉽게 감탄하지 않는다. '벽을 긁어내니 원자재인 벽돌이 그대로 남아 있었다'든가, '깔렸던 카펫을 들췄더니 마룻바닥 상태가 좋아 마감질만 다시 했다' 정도는 되어야 놀랄 만큼 옛 소재가 희소성을 띈다. 마리-피에르의 주방이 유니크한 이유다.

주방의 개수대는 공장에서 사용했던 것으로 개조 공사 때 철거하지 않고 지금까지 쓰고 있다. 보는 사람들마다 그 시절 장인들의 견고한 손맛에 반하고 그녀의 아이디어에 감동한다.

"침대 스프링을 만들던 곳으로 각 공정에 따라 특이한 흔적들이 많았어요. 개조해서 살릴 수 있는 부분은 그대로 가져왔죠."

매트리스를 매달아 세우는데 쓰인 철근, 병마개 오프너 등은 공장의 역사를 되새기고 되물리기 원하는 그녀의 바람대로 고스란히 남겨 두었다. 이제는 광산에서나 볼 수 있을 법한 4개의 산업용 등과 개수대의 수도꼭지는 말 그대로 이 주방의 아이콘이 되었다. 하지만 오래되고 중후한 유산들로만 가득했다면 이 주방은 무덤과 별반 다르지 않았을지도 모른다. 함께 매치한 닥종이 조명, 섬세한 철제 모빌은 차갑게 느껴지는 콘크리트 공간을 따뜻하게 만드는데 중요한 역할을 해주고 있다.

침대 스프링 제조 공장으로 사용하던 곳이어서 일까? 곳곳에 노동의 흔적이 남아 있다. 인부들이 고단한 하루를 마감하며 어떤 기분으로 맥주병을 오프너로 땄을지 짐작되어 애잔한 마음이 들었다.

사진작가 특유의 정체성을 주방에 녹이다

그녀의 인생에서 큰 비중을 차지하는 건 출장지로의 여행이다. 여행지와 앤티크 시장에서 수집한 식기들이 꽤 많아 수납 공간의 확보가 중요했다. 우선 수납장을 천장 높이에 맞춰 제작했더니 수납공간이 최대한 마련되면서 결과적으로 숨은 공간의 활용도를 높일 수 있었다. 수납장 문은 견고한 MDF로 통일했다. 실제로 1cm 두께의 MDF 한 장은 웬만한 성인이 올라서도 부서질 염려가 없다. 베니어합판에 비해 더 견고하고 휠 염려도 적어 무거운 물건을 수납할 목적이라면 안성맞춤이다. 또한 채색이 가능하다는 장점도 있다. 컬러는 큰 고민 없이 짙은 그레이를 골랐다. 산업적인 분위기를 유지하기 위해 푸른빛이 섞인 그레이를 선택했지만 문에 붙인 사진과 닥종이로 만든 천장 등 '구름'이 주방 가득 온기를 부여한다.

아틀리에로선 최고의 조건인 북향이라 많은 작업들이 그녀의 로프트에서 이루어진다. 대를 잇는 정육점 주인이나 예술가의 초상화도 서재에 흰 천을 덮고 여러 날 진행했었다. 하지만 일이 없을 때 마리-피에르는 셔터를 누르던 그 장소에서 차를 벗삼아 책을 읽는다. 인테리어와 요리 사진 전문 작가의 직업병인지 몰라도 그녀는 일하다 만난 텍스타일 디자이너가 버리려던 자투리 원단을 잘라 미니 냅킨을 만들었다며 흐뭇해한다. 만약 이 주방에서 맛있는 음식 냄새 외에 지적인 분위기를 감지했다면, 집주인이 디자이너, 스타일리스트 등과의 작업을 통해 터득한 눈썰미와 세계 각국을 여행하며 쌓인 독특한 안목 덕분일 것이다.

1. 수도 파이프에 연결한 철사 모빌은 엉뚱하다 못해 해학적이다. 소소한 소품이 차가운 느낌의 주방을 온기로 채우고 있다.
2. 감추고 싶은 양념, 수저통 등을 조화롭게 배치했다.
3. 맞춤 수납장 중간 부분을 뚫어 그녀가 작업한 사진을 끼웠다.
4. 마리-피에르는 냉장고를 둔 코너에도 옛 공장의 흔적인 철근으로 손바닥보다 작은 모빌을 만들어 매달았다. 액자 안의 하트 그림은 스페인의 디자이너 아가타 루이즈 델라 프라다 Agata Ruiz de la prada의 친필 사인이다.

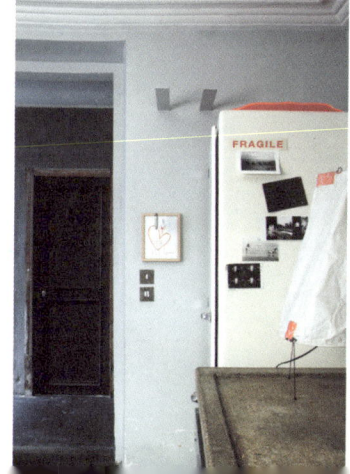

그녀의 주방 꾸미기

선택한 장식 아이템에 집중한다

자신을 표현할 수 있는 요소라면 자수, 콜라주, 심지어 아이의 낙서까지도 소재가 될 수 있다. 선택한 것에 대한 믿음과 확신을 가지고 밀어붙여라. 가령 그림 1~2장은 '~척'이 되겠지만 1백 장은 열정이 되고 1천 장은 현상이 되어 콘셉트를 만든다.

청소 도구들은 걸거나 세운다

프랑스의 청소 도구는 우리나라에 비해 길어 중심을 잃고 넘어지기 쉽다. 마리-피에르처럼 수납장 속에 선반을 설치하고 홈을 파면 도구를 말끔하게 정리할 수 있다. 자루가 짧으면 선반 아랫부분에 고리를 달아 걸어도 좋다. 진공청소기, 교체용 걸레 등 산만한 청소 도구를 깔끔하게 수납할 수 있다.

의외의 소재끼리 매치한다

마리-피에르의 주방에는 언뜻 보아서 어울리지 않을 것 같은 소재들이 조화를 이루고 있다. 상반되는 소재를 활용하면 훨씬 유니크하다. 레이스와 철사, 플라스틱과 나무, 콘크리트와 흙은 정반대의 질감을 가지고 있지만 소량씩 매치하면 의외로 잘 어울린다. 차가운 콘크리트 벽의 주방이 아늑한 느낌을 가질 수 있었던 이유도 닥종이 등 따뜻한 소재의 소품을 매치했기 때문이다.

마리-피에르의 주방 보물

1. 일본 여행에서 구한 나무 볼에 호두를 담았다. 호두는 프랑스 식단에서 빼놓을 수 없는 치즈와 궁합이 환상적이다.
2. 메르시 Merci 에서 구입한 수세미로 콘크리트 개수대를 씻을 때 사용한다.
3. 종이를 고정하는 유리추. 사진이나 우편물 위에 올려 둔다.
4. 체체 Tsetse 나 아비타 Habitat 등 소품 매장에서 쉽게 구입할 수 있는 차 보관통.
5. 일본 여행에서 구입한 말차용 다기. 그녀의 한결같은 차 사랑이 느껴진다.
6. 일본 문화 마니아인 마리-피에르의 다기 세트. 트레이와 잘 어울리는 패브릭은 디자이너 친구가 쓰다 남은 천을 얻은 것으로 접어 사용한다.

그녀의 레시피

프랑스어로 투르트Tourte라는 이 요리는 우리가 흔히 알고 있는 파이Pie. 우리나라에서는 디저트로 즐기지만 프랑스에서는 고기, 생선, 채소 등의 충전물을 올려 본식으로 많이 먹는다. 파이지 위에 과일을 올린 후식을 타르트라고 하는 반면 채소, 치즈, 생선, 고기 등을 섞어 구운 것은 키슈Quiche라고 한다. 투르트는 윗면에 파이지 한 장을 덮어 내용물을 아래 위로 감싸 굽는다. 따라서 한 조각을 먹어도 키슈나 피자보다 훨씬 배가 든든하다.

마리-피에르가 소개하는 요리는 채소투르트다. 시금치는 영양이 풍부하고 컬러가 예뻐 프랑스에서도 인기가 높은 식재료로 살짝 볶은 시금치와 베이컨을 얹어 투르트를 구우면 한끼 식사로도 손색없다.

시금치베이컨투르트

재료 지름 28cm 타르트 틀
파이지(시판) 2장, 시금치 1과1/2단, 베이컨(또는 삼겹살) 150g
그뤼에르 치즈(또는 모차렐라 치즈) 100g, 올리브 오일 1큰술
소금·후춧가루 약간씩

 이렇게 만드세요

1 시금치는 뿌리를 제거하고 씻는다. 소금을 넣은 끓는 물에 데쳐 찬물에 헹구고 꼭 짠 뒤 썬다.

2 베이컨은 1cm 폭으로 썬 다음 달군 팬에 살짝 볶아 키친타월로 기름기를 뺀 뒤 시금치와 섞는다.

3 타르트 틀에 올리브 오일을 고루 바르고 파이지를 깔아 180℃로 예열한 오븐에서 10분간 굽는다.

4 ③에 베이컨을 섞은 시금치를 솔솔 깔고 소금, 후춧가루로 간한다.

5 ④에 그뤼에르 치즈를 골고루 올린다.

6 남은 파이지를 그 위에 덮어 가장자리가 터지지 않도록 손질한 뒤, 180℃로 예열한 오븐에 20분간 굽는다.

TIP 베이컨 대신 데친 키조개를 넣으면 좀더 고급스런 요리를 만들 수 있다. 그뤼에르 치즈 대신 시금치와 궁합이 좋은 프랑스산 염소 치즈를 넣으면 풍미가 더 좋다.

마리 파르만 Marie Farman

현대 미술 전문기자
파리 20구, 약 80m² 아파트
www.mariefarman.com

언제부터인가 파리에 직장을 가지고 사는 로망을 이루고도 만족하지 못하는 파리지엥이 늘고 있다. 단 일 년을 살아도 내 집을 고치고 꾸미는 문화에 익숙한 그들은 이제, 큰 돈이 드는 결혼식보다는 경비를 아껴 내 집 마련을 하는 것을 더 우선으로 생각한다. 마리와 줄리앙 커플도 그 중 하나다. 뉴욕처럼 산뜻한 모던 주방을 찾던 무렵에 그들의 아파트를 알게 되었다. 케이블 채널을 검색하다가 발견한 그들의 아파트는 기자라는 직업만큼이나 야무지게 개조한 '잇 키친'이었다.
토요일 아침의 달콤한 늦잠을 포기하고 신혼 커플의 아파트를 찾은 건 내 눈으로 뉴욕의 보보✪스타일 주방을 확인해 보고 싶어서였다.

✪ 보보 Bobo | 재정적으로 안정된 부르주아 Bourgeois 이면서도 보헤미안 Bohème 처럼 예술적 감성을 추구하는 사람을 일컫는다.

디자인 전문기자의 안목으로 꾸민 화이트 공간

마리와 줄리앙의 아파트에 들어서니 마치 스튜디오의 조명을 켠듯 눈이 부셨다. 숨을 고르고 둘러 보니 햇빛이 화이트 컬러로 통일한 주방에 반사되고 있었다. 거실과 주방을 함께 사용해야 하는 구조라 그들은 애초부터 주방에는 되도록 화이트 계열을 이용하기로 결정했다. 실은 주방을 포함해 이 아파트의 반 이상이 화이트 컬러다. 마리가 결벽증에 가까울 정도로 화이트를 고집한 건, 그들이 이곳을 처음 방문했을 때의 충격적인 기억이 워낙 강해서였다. 이 장소의 어두운 과거를 전혀 눈치채지 못하는 사람들은 디자인 애호가인 그녀의 안목에 먼저 놀라곤 한다. 물론 이건 파리 7구에서 앤티크 부티크를 운영하는 부모님으로부터 어릴 때부터 받은 영향이 크다. 마리가 미술과 현대 디자인 분야의 전문기자가 된 원동력 역시 부모님이라 할 수 있다.

옛 공간의 가능성을 발견해 꾸민 복층 아파트

불과 18개월 전만 해도 이 아파트는 험악한 상황이었다. 처음 집을 사기로 했을 때 그들이 내건 유일한 조건은 '무조건 파리면 된다'였지만 결코 쉽지 않았다. 열 곳이 넘는 주택과 아파트를 다닌 끝에 이 아파트를 찾았다. 손만 대도 부스러지던 석회벽과 낡은 목재 구조물에 충격을 받고도 그들이 가정을 꾸릴 용기를 내었다니, 파리에서 내 집 찾기가 하늘의 별따기란 말이 과장은 아닌 듯하다. 그래도 영화 '프티 니콜라 Petit Nicolas'의 촬영지인 캄파뉴 드 파리 La campagne de Paris와 동화에서 나올 법한 예쁜 산책로가 옆에 있으니 조금이나마 위안을 삼기로 했다.

"무엇보다 달라질 가능성이 크다는 점에 희망을 걸었어요. 목재 구조물이 낡긴 했어도 아파트에 깊이를 더하는 데는 오히려 도움이 되었고요. 무엇보다 다락이 탐이 났지요."

마침 영상 광고 감독으로 일하는 줄리앙의 작업실이 필요하던 참이었다. 그리고 누구나 한 번쯤은 꿈꾸듯 그들 역시 하늘을 보며 잠이 들고 눈을 뜨고 싶은 로망이 있었다. 실면적으로 사용할 수 없는 지붕 아래의 드레스 룸 대신 수납공간을 설계하면 침실과 작업실과의 조화도 멋질 거란 생각이 들었다. 이층 공간이 완성되자 1층에 넓은 주방과 거실을 만들 수 있었다.

부부는 천연 원목 바닥을 깔고 싶었지만 예산이라는 큰 장벽에 부딪쳤다. 지하 주차장에 바르는 특수 페인트를 칠했더니 주방과 더없이 잘 어울렸다.

마주보는 주방과 거실이 이루어 낸 리셉션 공간

마리의 주방엔 이 책에 소개하는 다른 집들과 구별되는 특징이 하나 더 있다. 주방 설계 시 공간 안쪽에 깊숙이 배치하는 개수대와 조리대가 거실을 마주보고 있는 구조라는 것. 허름한 아파트를 사기로 했던 그때의 무모함처럼 마리는 주방 구조에도 반전을 주어 과감히 노출시켰다. 줄리앙과 하루 일과를 주고 받으면서 요리를 하고, 개수대가 주방 구석에 있다는 이유로 설거지를 모르는 척 넘기려는 남자의 비겁함(?)에 지혜롭게 대처하도록 말이다. 그 결과 1층은 리셉션의 장소로 사용하는데 부족함이 없게 되었다. 아무것도 숨김없이 드러낸 주방과 사적인 공간이란 느낌을 최소화한 거실이 바로 그들의 공간을 보보 스타일로 완성했다. 디자인 전문서적, 구석구석 존재감을 드러내는 앤티크 제품과 디자인 소품들, 제각각 연출한 5개가 넘는 조명 그리고 꽃다발까지 1층은 여러 사람이 함께 할 때 더 빛이 난다.

주방 가구 없는 주방

낮에는 하루도 빠짐없이 미술 관련 기사를 쓰는 전문기자로, 밤이면 친한 친구들과 가벼운 칵테일 파티를 벌이는 파리지엥 보보족의 대표인 마리. '요리와 거리가 멀어 보이는' 선입견에도 불구하고 그녀는 주방을 온전히 자신의 것으로 갖고 싶어하는 여자다. 하지만 화이트 컬러와 미니멀리즘 사이 어딘가에서 주방 가구가 보이지 않는 건 좀 의아했다.
"주방 안쪽의 선반과 인조 대리석으로 제작한 중앙 작업대에 웬만한 물건을 정리했어요. 수집품과 요리책은 작업대를 주문할 때 미리 디자인한 진열대에 정리했거든요."
과연 신혼집을 꾸밀 때 필요한 가전제품이 중앙 작업대 아래에 모두 놓여 있었다. 갑자기 튀어나온 수납장에 놀랐는데 실은 색이 너무 하얗다 보니 알아채지 못하고 지나쳤던 것이다. 리셉션의 장소로 꾸미기 위해 주방의 윤곽을 드러내고 싶지 않았던 커플의 바람은 훌륭하게 성공했다.

1
2   **3**

1. 안쪽 벽에 합판 3장을 올려 커피머신이나 토스트기 등을 수납했다.
2. 거실 벽에는 군데군데 칠이 벗겨진 장식장과 거울로 빈티지한 분위기를 살렸다. 태양을 연상시키는 볼록 거울 스타일링이 우아하다.
3. 고정관념을 깬 가구 배치로 산뜻한 느낌이 드는 마리의 거실. 정갈한 화이트 톤 거실에 앤티크한 분위기의 메리디엔이 세련되어 보인다.

자유로운 가구 배치로 정형화된 공간 개념을 깨다

80년대 부유한 한국 가정의 거실에는 3대 필수품이 있었다. 컬러 TV와 가죽 소파 그리고 괘종시계. 세련된 뉴욕의 아파트가 연상되는 마리 커플의 집에서 그 시절 기억이 떠오른 건 가구 배치의 경계가 모호하기 때문이었다. 마리의 주방이 주방답지 않게 산뜻한 이유가 그 공간에서 쓰이는 가전제품이나 특정 가구가 없어서인 것처럼, 그들의 거실엔 소파와 TV, 책장 외에도 비트린✪과 메리디엔✪이 있어 거실의 정체성을 흐트러뜨린다. 일반적으로 책꽂이는 서재, 비트린은 주방, 메리디엔도 반대쪽 창가에 두었을 때 더 잘 어울린다. 주방 옆 식탁 역시 줄리앙이 관계자들과 미팅을 하고 마리가 아이패드로 머릿기사를 작성하는 다채로운 곳이다. 마리의 공간은 본래 제자리가 확고한 가구일지라도 그 규칙을 탈피하면 조화로운 연출이 가능하다는 걸 보여 준다. 트렌드를 따라 가벽을 세워도 좋고, 색깔을 이용해 시각적으로 공간 분리를 시도하는 것도 멋진 방법임에 틀림없다. 중요한 건 자신의 공간과 맞지 않는 원칙이라면 무시할 줄 아는 대담한 시도, 그것이 바로 보보족들이 추구하는 진정한 가치다.

✪ **비트린** Vitrine | 수집품을 모아 진열하는 유리 장식장.
✪ **메리디엔** Meridienne | 왕정 시기에 유행했던 긴 의자로 낮잠을 자거나 휴식을 취하는 용도로 사용했다.

그녀의 주방 꾸미기

디자인 가구는 공간에 힘을 준다

좁은 집을 흰색으로 통일하면 탁 트여 보이는 한편 미니멀한 느낌이 든다. 하지만 실내를 온통 하얗게 만들면 단조롭거나 차가워 보인다. 기본색을 화이트로 결정했다면 반드시 다른 컬러나 소품으로 악센트를 주자. 형태와 소재가 다른 가구를 고루 배치해 공간 구성을 다채롭게 하는 것도 한 방법이다. 앤티크 원목 식탁과 콘스탄틴 그르치치 체어 Konstantin grcic chair one를 매치하고 추상적인 느낌의 조명을 두어 화이트 공간에 세련미를 더했다.

패턴 접시로 모던한 월 데코를 한다

거실 소파나 주방 식탁 뒷벽에 접시를 3~4개 걸면 새로운 분위기를 낼 수 있다. 원형 접시를 세로로 단정하게 배치하거나 사각 접시와 타원형 접시를 조화롭게 걸어도 좋다. 화이트 벽에는 원색 접시도 좋지만 이야기가 있는 시리즈 접시를 걸어 보자. 뮤럴 접시는 모노톤이지만 각 장의 그림이 달라 지루하지 않다. 뮤럴 접시는 뒷부분에 장착할 와이어와 공구만 있으면 누구나 쉽게 데커레이션할 수 있다.

마리의 모던 스타일 소품

1. 실리콘 재질의 머핀 틀을 겹겹이 쌓아 소품으로 사용한다.
2.4.7. 포르나세티Fornasetti의 디자인 접시. 식사용 접시지만 모티프가 마음에 들어 뒷면에 와이어를 접착해 뮤럴 접시로 활용했다.
3. 르크루제의 미니 코코트. 원래 주물 소재이지만 프랑스 음식에 활용하도록 도자기로 만든 제품이다.
5. 무토Muuto 에서 구입한 후추 핸드밀.
6. 조부모님께서 물려주신 앤티크 계량스푼으로 요즘 계량법과는 맞지 않다. 원래 용도보다 추억을 떠올리는 소품이다.

Paris Kitchen 69

그녀의 레시피

"요리하면 엄마가 제일 먼저 떠올라요. 엄마는 늘 주방에서 무언가를 하고 있었죠. 한번도 엄마가 슈퍼마켓이나 제과점에서 케이크를 사는 모습을 본 적이 없어요."
엄마의 음식 솜씨를 물려받은 마리는 디저트 달인이다. 임신 5개월째인 그녀가 요즘 몰두하고 있는 디저트는 동물성 식품을 최소화한 케이크. 몇 년 전부터 프랑스에서는 동양 식재료인 두부를 재해석한 음식들이 쏟아지고 있다. 두부쇼콜라케이크는 이런 트렌드와 마리의 건강한 음식에 대한 의지가 더해진 디저트다. 버터와 설탕을 대폭 줄이고 두부를 넣어 담백한 케이크는 식감이 가벼워 여름철에도 잘 어울린다.

두부쇼콜라케이크

재료 6~8인분

부드러운 두부 400g, 쇼콜라 누와(요리용) 200g, 달걀 3개
설탕·박력분 60g씩, 버터 10g

이렇게 만드세요

1 두부는 키친타월에 올려 5분간 물기를 뺀 뒤 믹서에 곱게 간다.

2 쇼콜라 누와는 중탕으로 녹인다.

3 믹서에 곱게 간 두부와 달걀, 설탕, 체 친 박력분을 넣고 5초간 섞는다. 다시 ②를 넣고 5초간 섞는다.

4 틀에 버터를 바르고 ③의 반죽을 담은 뒤 180℃로 예열한 오븐에서 15~20분간 굽는다.

5 구운 케이크는 망에 올려 실온에서 2시간 이상 식힌다.

TIP 여름철에는 시원한 아이스티와 냉장고에 둔 차가운 두부쇼콜라케이크를 함께 먹으면 맛있다. 맛이 담백하므로 산딸기즙이나 과일이 잘 어울린다.

04
오렌지 컬러의
에너지를 담은
맞춤 주방

플로라 드 가스틴 Flora de Gastine

인테리어 디자이너
파리 11구, 약 75m² 아파트
www.doubleg.fr

인연이란 참 묘하지만 인테리어 디자이너, 플로라와의 만남은 그 묘하다는 표현의 마침표 같았다. 건축대학을 다닐 때 졸업 프로젝트를 위해 학교 외부에서 심사위원을 선정해야 했다. 평소 존경하던 일본 건축가 시게루 반 Shigeru Ban 의 사무실에 요청을 넣었는데 그때 답변을 전해 준 건축가의 성이 드 가스틴이었던지라 플로라의 성을 처음 들었을 때 둘 사이의 관계가 궁금했다. 프랑스에서는 같은 분야에서 일하는 동성끼리 가족일 확률이 높다는 이야기를 들은 적이 있어서였다. 아니나 다를까! 오빠가 시게루 반 사무실의 건축가라는 플로라의 대답을 듣고 무릎을 쳤다. 그녀의 주방에서 친구 집에 놀러 온 기분이 든 까닭은 매체 기사로 미리 공간을 봤기 때문만은 아니었다. 몇 년 새에 다른 상황에서 만난 '드 가스틴'이란 남매와의 인연이 신기해서였다.

파리에서 세입자로 살기로 한 용감한 선택

인테리어 사무실 'Double G'의 공동 실장이자 디자이너인 플로라가 1년 전 에베니스트✪ 와 건축가들의 아틀리에가 밀집한 바스티유 광장 근처로 이사한 이유는 좀 특별하다.

"살던 아파트가 좁아서 다른 곳을 물색 중이었어요. 지금 돌이켜 보면 집주인과 친구로 지내온 게 행운이었죠. 그가 가구 아틀리에로 쓰던 건물을 매입한 뒤 내게 보여주며 면적이 마음에 드냐고 묻더군요. 내 취향에 맞춰 인테리어 설계를 해도 좋고, 개조 공사비까지 부담하겠다기에 그 집에 살기로 했어요."

하지만 파리는 전세라는 개념이 없고 아파트 월세가 서울의 강남보다도 비싼 곳이다. 세계에서 땅값 높은 도시 3위에 빛나는 파리. 오죽하면 '평수에 상관없이 내 집 마련은 하루라도 젊었을 때 해야 한다'는 말이 프랑스인들의 신념이 될 정도라 세입자로 남기로 한 플로라의 결정이 의아했다.

"샤틀레에 자리한 사무실, 마레 구역, 오페라, 바스티유가 버스로 15분 거리잖아요. 파리 안에서 누리는 문화적 혜택과 주변 상권을 고려하면 내 집 마련하겠다고 집값 싼 외곽으로 나가는 게 선뜻 내키지가 않더라고요. 언젠가는 파리에 내 집을 갖는 날이 오겠죠."

✪ 에베니스트 Ebeniste | 흑단 등 고급 가구 세공인.

플로라의 아파트는 현관에서 주방, 주방에서 사무실, 거실과 침실로 연결되는 'ㄱ'자 구조다. 현관에서 시작하는 긴 복도 왼쪽으로는 아들 미로와 베이비시터의 방이 있다. 주방은 방과 사무실 사이를 묶는 매듭같은 공간이다.

1 2

1. 플로라는 생활 소품도 디자이너 작품으로 고른다. 디자이너 가드프로이(Godefroy)의 과일 스탠드는 소박한 디자인을 즐기는 그녀에게 꼭 맞는 아이템이다. 솔방울, 통마늘까지 올려 둔다.
2. 플로라의 주방 작업대는 일반인들이 잘 시공하지 않는 콘크리트다. 도시의 삭막함을 대변하는 재료지만 낡은 느낌이 빈티지풍 주방에 잘 어울린다.

시간의 흔적을 보존하는 공사

모든 이유를 막론하고 이곳에 살기로 빠른 결정을 내릴 수 있었던 건 싱글맘인 자신과 같이 살 베이비시터의 공간이 처음부터 머릿속에 그려졌기 때문이다. 플로라는 공간을 설계할 때 기존의 흔적을 최대한 존중하려 한다. 지은 지 1백 년이 넘은 건물을 자신이 살 아파트로 개조할 때도 원칙은 동일했다.

"이 구역의 오래된 건물처럼 이곳은 가구를 세공하는 아틀리에였어요. 건물주와 처음 방문했을 때 관리 상태가 좋지 않고 카펫이 깔려 있어서 100% 전면 공사가 필수라고 생각했어요."

처음 계획대로라면 주방에서 그녀의 방까지 이국적인 색깔의 원목을 깔려고 했다. 하지만 먼지구덩이 카펫을 걷어내고 드러난 낡은 나무 바닥에서 가능성이 보였다. 바닥 사이의 접착제 등을 긁어내고 다시 손질해야 했지만 새 옷을 입히기보다는 예전 흔적을 남기는 쪽을 택했다.

블랙, 화이트, 오렌지 3가지 컬러의 주방

주방에 들어서면 가구 색이 먼저 눈에 띤다. 주방가구로 잘 사용하지 않는 블랙이 오히려 이 단순한 구조에 악센트를 준다. 희끗희끗한 나무 바닥색과 대비를 이뤘을 때 가장 존재감을 드러나는 색상이 블랙이란 점도 무시할 수 없었다. 여기에 플로라는 창문 아래 벽과 원목 식탁, 콘크리트 작업대 등 건축 자재에 힘을 주어 지루한 동선과 가구 배치에 시선을 뺏기지 않도록 인테리어 전문가다운 감각을 발휘했다. 맞은편 집이 훤히 보여 불투명 유리로 마감한 창문에 한결 부드러워진 빛이 쏟아진다. 결과적으로 주방은 블랙&화이트가 키워드인 공간이 되었다. 그 속에서 포인트 컬러인 오렌지색의 상큼함이 더욱 두드러진다. 집에서 입는 바지 색깔까지 같은 컬러로 맞춘다니 시크한 무채색을 선호하는 파리지엥의 반전이라 할 수 있다.

"머리에서, 눈에서 비타민이 팡팡 샘솟는 것 같지 않아요? 무채색이 기본인 공간에서 이보다 데커레이션 효과가 뛰어난 색이 또 있겠어요?"

통통 튀는 오렌지색의 식탁 의자와 작업대 위 정리함, 디자이너 가드프로이 Godefroy의 디스플레이어에서 거실 암체어까지 터져 오르는 오렌지색 샴페인의 기포 소리가 공간에 울려 퍼지는 듯하다.

마감재를 믹스 매치해 공간에 통일성을 부여하다

평소 플로라는 방문을 열어 독립적인 각 부실이 주방에서 침실까지 하나의 공간처럼 보이도록 시야를 확보한다. 처음부터 주방, 사무실, 욕실, 거실, 침실을 그다지 길지 않은 직선상에 배치해야 했으니 각 공간의 기능을 유지하면서도 공간간의 이질감을 줄여줄 방법이 필요했다. 플로라는 마감 소재들이 일관성을 갖도록 세심하게 신경 썼다. 메탈, 원목, 강화 유리, 벽돌 그리고 오렌지 컬러를 각 공간에 적당히 배분시킴으로써 어려운 미션을 완벽하게 해결했다. 인테리어에 조금이라도 관심이 있는 사람이라면 최근 트렌드의 중심이 된 벽돌 벽이 낯설지 않을 것이다. 인건비가 많이 들어 시공이 어려워진 벽돌 벽은 복고 분위기를 연출해 주어, 오래 전부터 나의 위시 리스트에도 올라있는 아이템이었다.

"설계를 할 때, 창을 갈고, 벽을 칠하는 건 기본에 속하죠. 이 장소의 석회 초벽은 오래되어 부스럼이 떨어지고 있어서 페인트 마감 이상으로 손을 봐야 했어요. 햇빛이 잘 들게 하려고 외벽과 닿은 내벽들을 모두 반면창으로 계획했는데, 남은 하인방❋에 벽돌을 사용하면 좋겠다는 생각이 들더라고요. 메탈 프레임 유리창과 멋진 조합이기도 했고요."

요즘은 접착제로 붙이는 벽돌 블록도 있지만, 오래 쓸수록 그 투박함이 빛나는 벽돌 시공을 원한다면 이렇게 벽의 일부만 시도해 보는 것도 좋지 않을까?

뜬금없이 프랑스의 대문호인 알렉산드르 뒤마 Alexandre Dumas가 떠올랐다. 더 정확히 말하자면 그의 소설 『삼총사』에서 삼총사와 달타냥이 함께 외치던 'All for One, One for All(하나를 위한 모두, 모두를 위한 하나)'이란 구호가 머리 속을 맴돌았다. 플로라의 아파트야말로 이 구호와 너무나 잘 어울린다. 다섯 가지의 다른 기능을 수행하는 공간들이지만 일관된 재질로 통일감을 주고 시야가 트여 마치 한 공간이라 해도 무방하니까….

❋ 하인방 | 벽의 아래쪽 기둥 사이에 가로 지른 인방. 쉽게 말해 창문을 기준으로 아랫쪽 벽이다.

그녀의 주방 꾸미기

좁은 공간은 소재가 답이다

공간 인테리어에 컬러보다 소재가 더 중요할 때가 있다. 좁은 공간에는 포인트 컬러를 1~2가지로 제한하고 소재에 힘을 주는 것도 좋다. 플로라의 집처럼 벽돌, 나무, 유리, 메탈, 플라스틱 등을 부분적으로 시공하고 오렌지 컬러로 생동감을 찾아 주자. 문이나 벽으로 경계를 두지 않았다면 포인트 컬러를 각 공간마다 하나씩 배치해 전체적으로 통일감을 유지하도록 한다.

그릇 및 커트러리는 서랍에 수납한다

매일 사용하는 커트러리와 식기는 실용적으로 수납하는 것이 중요하다. 서랍장은 벽면 수납장에 비해 손이 잘 닿고, 깊숙이 넣은 물건도 한눈에 확인할 수 있다. 이때 각 서랍장들의 높이를 달리하도록. 냄비와 솥 등은 높게 쌓고 커트러리나 접시는 낮게 정리하면 된다. 접시 와이어를 이용해 접시를 수납하면 여러 장을 쌓아도 문을 여닫을 때 무너질 염려가 없다.

조명에 상상력을 더하라

조명은 인테리어 스타일링을 마무리한다. 이 때 소재, 형태, 크기도 중요하지만 어떻게 설치하느냐에 초점을 맞춰야 한다. 같은 꼬마 조명이라도 흘러 내리게 다느냐, 천장 모서리에 가로로 설치하느냐 또는 높은 투명 화병에 담아두느냐에 따라 분위기가 완전히 달라지기 때문이다.
플로라의 특별한 조명 연출법을 참고하자. 부모님께 물려받은 초상화 주변을 꼬마 조명으로 2번 돌려 감으니 유머러스한 매력이 돋보인다. 작은 조명일수록 다양하게 연출할 수 있다.

그녀의 레시피

프랑스의 달걀 요리법은 파리지엥 14년차인 나도 놀랄 만큼 무궁무진하다. 끓는 물에 달걀을 깨뜨려 넣고 익혀 건지는 포치드에그, 달걀을 사워크림과 섞어 헝클어뜨려 익히는 스크램블드에그 등 독특한 요리법이 많다. 플로라가 소개하는 달걀코코트 요리도 그 중 하나. 코코트 Cocotte 는 우리나라의 압력솥과 같은 용기에 재료를 담고 오븐에서 조리하는 모든 요리를 말한다. 수많은 달걀 요리법 중 프랑스인들이 가장 좋아하는 요리로 그녀가 재미있는 에피소드를 들려주었다.

"아이들은 달콤한 맛을 좋아하잖아요. 어릴 적 엄마가 달걀코코트를 만들 때 몰래 쇼콜라 한 조각을 넣었었죠. 당연히 아무도 먹을 수 없게 되었지만 말이에요."

그 순간, 그녀의 달걀코코트에 아들 미로가 쇼콜라를 넣는 장난을 하지 않았기를 바랐다.

달걀코코트

재료 4인분

달걀·삿갓버섯(또는 표고버섯 2개) 4개씩, 양파1개
사워크림 4큰술, 부추(송송 썬 것) 4작은술, 소금·후춧가루 약간씩
버터 적당량

이렇게 만드세요

1 삿갓버섯은 채 썰고 양파는 껍질을 벗겨 잘게 깍뚝 썬다.
2 달군 팬에 버터를 녹이고 중불에서 양파를 볶는다.
3 양파 향이 퍼지면 삿갓버섯을 넣어 살짝 볶은 뒤 소금, 후춧가루로 간한다.
4 ③에 사워크림을 넣고 약불에서 30초간 저어 불을 끈다.
5 ④를 오븐용 그릇에 절반 정도 붓고 그 위에 달걀을 한 개씩 깨뜨린다.
6 ⑤에 남은 양을 붓고 부추를 뿌려 200℃로 예열한 오븐에 8분간 익힌다.

TIP 달걀 흰자만 완전히 익고 노른자는 약간 흐르는 느낌이 있어야 잘 만들어진 상태다. 달걀코코트에 바게트나 토스트를 곁들여 먹으면 맛있다.

05
도시적 감성과
아날로그가 공존하는
시스템 주방

베아트리스 탕귤리 Beatrice Tinguely

인테리어 업체 대표
쏘—레—샤르트로 Sault-les-Chartreux, 250m² 주택
www.comingb.fr

크리스마스트리로 거리 곳곳이 빛나던 12월 저녁, 촬영을 의논하기 위해 베아트리스의 집을 찾았다. 겨울비가 청승맞게 내리던 날이었지만, 그녀의 주방은 가슴 트이게 환하고 구들방 아랫목처럼 따뜻했다. 멋진 집에 사는 여주인들에 대한 편견 때문이었을까? 가사 도우미에게 식사 준비를 맡길 거라는 내 예상과 달리 가족들을 위해 직접 팔을 걷어붙인 그녀의 모습이 주방 공간과 오버랩되어 아늑한 느낌을 자아냈다. 그녀가 직접 내린 이탈리안 커피를 한 잔 마시자 친구 집을 찾은 기분이 들었다. 주방에 관한 추억들이 유난히 많은 베아트리스의 어린 시절을 따라가 보기로 했다. 그녀의 이야기에 귀 기울이다 보면, 그녀가 자랑한 할머니의 케이크 한 조각을 맛보게 될지도 모를 일이니까….

업무의 피로를 녹이고 영감을 주는 주방

작년 여름, 구독하던 인테리어 뉴스레터를 보다가 'Coming B'라는 인테리어 전문 업체를 알게 되었다. 후추통, 책장, 정원 가구 등 오프라인에서 '발상이 참 재미있다'라고 생각했던 아이디어 제품들이 그 곳의 물건임을 알게 되었다. 디자인 실장의 미니 인터뷰를 읽은 후, 그녀의 집을 간절히 보고 싶었다. 그녀가 바로 베아트리스였다.

커리어우먼인 그녀는 오후 5시 퇴근과 동시에 루벤스와 루디빈 남매의 엄마이자 한 남자의 아내로 돌아온다. 컬렉션 시즌이 되면 신제품 출시로 바빠 2층 작업실에서 회사 일을 하긴 해도, 되도록 집에서만큼은 일을 잊으려고 노력한다. 주방은 그녀가 하루의 긴장을 완전히 내려놓고 정신적 충전을 가능케 하는 장소이다. 집 정리와 아이들 돌보는 일을 13년째 맡고 있는 도우미 아주머니의 역할은 그녀가 메모한 리스트대로 시장을 보는 것까지다. 아무리 바쁘더라도 하루 한 번, 가족이 한자리에 모이는 저녁식사 준비는 그녀 책임이다.

"어린 시절 내게 외할머니는 세상에서 유일한 요리사였어요. 요리할 때마다 당신이 직접 적고 오려 붙여 만든 레시피 노트를 꺼내어 들여다보셨는데 내겐 그 순간이 마법사가 마법의 술을 만드는 것보다 더 흥분되었어요."

나 역시 유년 시절, 밀가루와 설탕, 베이킹파우더만 넣어 할머니께서 구워주시던 팬케이크를 기억한다. 시럽 한 방울 뿌리지 않아 아무 맛도 없던 그 간식이 가끔 떠오르는 걸 보면 요리는 맛이 전부는 아닌 것 같다. 요리하는 마법사 같았다던 추억 속 외할머니는 베아트리스의 행복테라피임에 틀림없어 보인다.

파인애플, 바나나, 사과 등 알록달록한 과일을 주방 위에 두면 인테리어 소품이 따로 없다.

개성과 조화를 한데 품은 믹스 매치 주방

모던한 시스템 주방 가구 사이에 80년대 작업대가 놓여 있다. 빈티지한 메탈 포스터가 정겨움을 발산하는가 하면 숫자 크기가 제멋대로인 벽시계에서는 최신 트렌드가 읽힌다. 50년이 넘은 모자이크 타일 바닥 위 인조 대리석 아일랜드는 말 그대로 주방 안의 작은 섬을 연상시켰다. 베아트리스의 주방에서 이야기를 나누다 문득 옛 기억이 떠올랐다. 언젠가 앤티크 시장에서 마음에 드는 구식 재봉틀 테이블을 발견하고도 살던 아파트가 협소하고 둘 자리가 마땅치 않아 포기한 적이 있다. 그 순간 그 기억이 되살아난 이유가 뭘까?

"벼룩시장 구경을 다니다 맘에 드는 가구가 있으면 당장 필요하지 않아도 일단 사고 그 후에 물건을 놓을 만한 자리를 만들죠."

주방의 통나무 작업대가 바로 대표적인 예. 시스템 주방가구 한가운데를 차지한 이 골동품은 원래 정육점에서 사용하던 작업대였는데 보자마자 주방 어딘가에 반드시 놓아야겠다는 생각이 들었단다. 물론 여유 공간이 있어 가능했겠지만 그녀의 디자인 키워드인 낡음과 새것의 조화가 멋지게 재현되는 순간이 아닐 수 없다.

앤티크 제품과 현대 디자인을 조합하는 것을 즐기는 베아트리스는 우선 수납과 믹스 매치의 효과를 높이기 위해서 시스템 주방가구 브랜드인 '스미스SMIDTH'에서 레드 컬러의 가구를 맞췄다. 오래된 물건의 가치가 시너지 효과를 얻기 위해서는 기성품이 엑스트라 역할을 해주어야 한다는 게 그녀의 생각이다.

"시스템 주방가구나 값비싼 앤티크 제품으로 꾸민 주방에선 '소소한 일상'이 느껴지지 않는 것 같아요. 시간을 두고 하나씩 모은 소품들을 기성품 옆에 진열하면 뜻밖의 세상이 만들어진답니다."

60년대 타일이 깔린 다이닝 룸과 50년대 스칸디나비아 가구를 놓은 빈티지한 공간에 인조 대리석 아일랜드와 해리 베르토아 Harry Bertoia 체어가 도도하게 공존하는 곳이라니…. 디자인을 전공하지 않고도 이런 분위기를 연출하는 주인의 센스야말로 앤티크 제품보다 더 반짝이지 않는가?

주부 베아트리스의 자부심을 담은 아일랜드

베아트리스에게 주방은 집의 심장이자 충전 어댑터과도 같다. 그러니 3개월에 걸친 대규모 공사가 마무리되어 서랍장을 정리하고, 빈 벽을 장식하며 그녀가 느꼈을 흥분은 공감하고도 남는다. 완벽한 스타일을 갖추어 지금은 누구라도 탐내는 이 주방은 처음에는 문제투성이였다.
"바닥 타일이 깔린 부분까지만 주방이었어요. 면적은 작지 않았지만 채광이 좋지 않았죠. 창문은 단 한개고 나머지는 벽이었으니까요."
그녀의 집은 시장의 관사로 사용되던 곳이어서인지 내부 상태가 최악은 아니었다. 그러나 요리를 행복테라피로 삼는 그녀의 눈에 비친 주방은 분명 '발전시키면 더 멋진 공간'이었으리라.
주방 경계를 입구 쪽으로 밀어내 8m² 면적을 확보하고, 벽 대신 전면창으로 마무리해 빛을 들였다. 몰라보게 밝아진 주방에는 공사 전부터 설계한 인조 대리석 아일랜드를 들이기로 했다. 현관, 거실, 다이닝 룸을 마주 보고 있는 주방에서 요리를 하며 가족들을 바라보는 걸 좋아하는 베아트리스에게 아일랜드는 에너지 충전실인 주방이 제 기능을 할 수 있게 하는 원동력이나 마찬가지. 아일랜드 주변으로 주방 가구와 기기를 정리했고, 여기서 재료를 다듬고 요리를 하며 설거지까지 모든 주방 일을 마무리하기 때문이다. 따라서 프랑스 전역에서 큰 유행을 끌고 있는 아일랜드는 그녀에게 남다른 의미를 갖는다. 음식을 만들고 가족과 함께 나누는 주방은 넉넉한 공간이 필수가 되어야 한다는 점에서 중앙의 아일랜드와 시스템 주방가구, 앤티크 작업대와 디자인 의자로 연출한 베아트리스의 주방은 최고의 성형 전문의가 집도한 얼굴처럼 완벽하게 변신했다는 표현이 아깝지 않다.

저울, 믹서, 과즙기, 칼 보관함 등 보통 가정집에서는 수납장에 보관하는 도구들이 그녀의 주방에는 알미우리만큼 세련되게 진열되어 있다. 자주 사용하기 때문에 꺼내 놓고 써야 편한 도구들은 구입할 때부터 디자인을 고려한단다.

1
2 3   5
  4

외할머니의 유산, 레시피 노트로 그녀만의 마스터피스를 쌓다

베아트리스의 주방에 들어서면 여러 번 놀라게 된다. 시원스레 트인 넓은 공간과 그 안을 채운 합리적인 기능성 가구, 그리고 그 틈에서 제 역할을 톡톡히 하는 기특하고 멋스런 소품들에 반한다. 베아트리스는 조만간 2층을 새로 꾸밀 계획이다. 늘 빛이 잘 들고, 수십 개의 통통 튀는 제품 아이디어가 끊이질 않고 샘솟는 작업실이지만 약간 부족하다 싶어서다. 2층을 쓰던 루디빈과 루벤스의 방은 개조한 3층 다락으로 옮겼다. 그냥 두어도 예쁜 민낯의 공간을 그녀의 무궁무진한 아이디어로 꾸미고 나면 얼마나 더 빛이 날지 벌써부터 기대만발이다.

1. 1층의 벽을 허물어 다이닝 룸과 거실, 베란다와 정원까지 시야가 트이는 넓은 공간을 완성했다. 다이닝 룸은 식사 외에도 아이들의 학교 숙제를 지도하는 등 전천후 공간으로 활용한다.
2. 베아트리스의 주방 면적은 23m². 파리의 웬만한 원룸 스튜디오보다 크다. 수납을 잘해 큰 면적을 더 여유롭게 쓴다. 주식 재료와 간편 통조림을 일목요연하게 정리했다.
3. 주방 서랍에 포크, 나이프 외에도 정리할 도구들이 가득하다. 서랍장에 베이킹 틀, 냄비를 차곡차곡 정돈했다.
4. 요리책과 레시피 노트가 가득한 수납장. 프랑스 전통 음식부터 가장 트렌드한 컵 요리까지 세대를 아우르는 요리책 덕분에 가족들은 같은 음식을 먹는 일이 없다.
5. 현관에서 거실로 바로 닿는 통로 쪽에서 본 주방. 어느 각도에서도 식구들의 모습을 관찰하고 싶은 엄마의 마음을 실현시킨 출입구다.

그녀의 주방 꾸미기

레시피 노트는 주방 역사다

레시피 노트를 쓰던 할머니의 영향을 받은 베아트리스는 노트에 초대한 사람들과 날짜, 메뉴까지 모두 적는다. 초대 문화가 보편화되지 않은 한국에서는 그녀의 레시피 노트가 낯설지만 주말에는 가족 만찬 메뉴를 남겨 보자. 함께 식사한 사람들의 사진을 찍어 붙여도 좋다. 노트에 레시피는 물론 그 날의 감상, 사진 등을 남기면 나중에 들춰봤을 때 그 날의 감정까지도 고스란히 전해지는 특별한 역사책이 된다.

 ### 소품은 세트로 스타일링한다

주방 소품을 스타일링할 때는 한 쌍 이상으로 그룹을 짓는 것이 좋다. 커피잔도 하나보다는 한 쌍이, 허브 화초도 3개 이상을 두었을 때 풍성해 보인다. 하다못해 시판 소스도 3개 이상 나열하면 컬러가 다채로워 주목도를 높일 수 있다.

식재료도 데커레이션 도구가 된다

각종 허브를 병을 통일해 담아 정리하면 꺼내 쓰기 쉽고 보기에도 화려해 데커레이션 소품으로도 손색없다. 재활용 병을 같은 모양으로 모아 허브 용기로 사용한다. 벽에 철제 수납장 대신 진열대를 3~4단으로 설치하고 그 위에 허브병들을 올리면 사진과 같은 효과를 낼 수 있다. 고춧가루, 카레가루도 주방 스타일링을 도울 수 있다.

베아트리스의 주방 보물

1. 에스프레소 잔을 여러 개 쌓아 올리면 손잡이 부분이 도시 빌딩숲을 완성해 재미있다. Coming B의 제품.
2. 누에처럼 생긴 파스타 접시.
3. 베아트리스가 아끼는 '누구누구의 무슨 요리' 시리즈. 웬만한 전통 & 응용 요리가 섹션별로 모두 담겨 있다.
4. 플라스틱 트레이는 다양한 크기를 수집해 골라 쓴다.
5. 잼을 덜거나 아이스티를 마실 때 이용하는 플라스틱 숟가락. 오후의 티타임에 곁들인다.

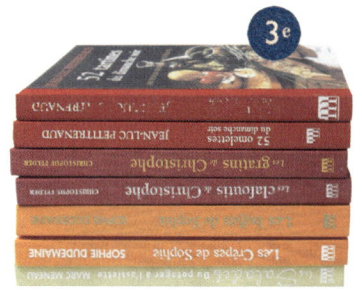

그녀의 레시피

누구라도 한 번쯤 '퐁당 오 쇼콜라 Fondant au Chocolat'라는 예쁜 이름을 들어보았을 것이다. 프랑스인들이 가장 좋아하는 디저트 중 하나인 퐁당 오 쇼콜라는 '쇼콜라가 녹아 흐르는'이란 뜻이다. 즉 이 디저트의 성공 여부는 반죽 속 쇼콜라가 완전히 익지 않고 잘 녹아 흐르도록 하느냐다. 오븐에서 익히는 시간을 1~2분만 조절해도 쇼콜라의 흐르는 정도가 달라지고 식감이 달라진다. 원래 프랑스 전통 디저트인 퐁당Fondant에는 일반 설탕을 넣지만 베아트리스는 특이하게 슈거 파우더를 넣는다. 그래서인지 결이 부드럽고 맛이 훨씬 촉촉하다. 디저트로 먹을 때는 퐁당 위에 씨를 거른 산딸기즙이나 바닐라 아이스크림을 올린다.

퐁당 오 쇼콜라

재료 높이 5~6cm 머핀 틀 6개분

반죽(달걀 3개, 쇼콜라 누와 100g, 버터 60g, 슈거파우더 80g, 박력분 20g)
버터 10g, 쇼콜라 누와(장식용) 12조각·소금·박력분 약간씩

 **이렇게 만드세요**

1 달걀은 깨뜨려 멍울 없이 푼다.

2 볼에 반죽용 쇼콜라 누와와 버터를 잘라 넣고 중탕해 잘 섞는다.

3 ①에 ②의 반죽을 조금씩 흘려 넣으며 젓는다.

4 여기에 슈거파우더와 체 친 박력분을 넣어 덩어리지지 않도록 고루 섞는다.

5 버터를 녹여 머핀 틀에 고루 바른 뒤 냉장고에 5분간 넣어 굳힌다. 틀을 꺼내 그 위에 박력분을 체치며 뿌린다.

6 반죽을 머핀 틀의 1/3 높이까지 채우고 쇼콜라 누와를 2조각씩 올려 장식한 다음 반죽을 2/3까지 채운다.

7 180℃로 예열한 오븐에서 약 10분간 굽는다. 퐁당이 완성되면 5~10분간 충분히 식힌 뒤 틀에서 분리한다.

TIP 구운 퐁당은 한 김 식혀서 틀에서 분리해야 속의 쇼콜라가 터지지 않는다.

PART 2. 내추럴코지 주방

'창조적'이라는 말은 유명 예술가들에게만 해당되는 표현이 아니다. 남들의 이목과 상관없이 자신의 생각과 취향을 표현하는 모든 사람은 크리에이터다. 주방 인테리어도 마찬가지가 아닐까? 설령 최신 주방가구와 기기를 갖추지 않았다고 한들 빛나는 감각을 가진 사람들에겐 거리낌이 없다. 낡은 주방 벽은 마음에 드는 컬러로 칠하고, 데커레이션 아이템이 여의치 않다면 주방도구를 작업대 주변에 주렁주렁 걸어 개성을 발휘하면 된다.
인테리어 전문가가 시공한 멋진 공간을 보며 "돈 있으면 누가 못해"라는 시기어린 질투를 했다면 내추럴코지 스타일 주방 여덟 곳을 주목해 보자. 공간을 완성시키는 건 말끔한 가구와 소품이 아니다. 눈품, 손품, 발품을 제대로 팔면 가구를 교체하거나 바닥을 뜯어내지 않아도 작은 공간을 쉽게 변화시킬 수 있다.

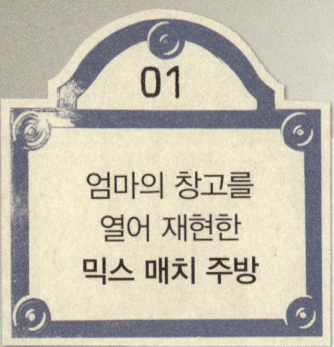

01
엄마의 창고를 열어 재현한
믹스 매치 주방

아나벨 마르토 Annabelle Marteau

인테리어 디자이너
뮤동Meudon, 약 100m² 아파트
www.aminteriors.fr

유난히 눈이 많이 내리던 작년 겨울, 주방 섭외를 위해 집에 틀어박혀 인터넷 검색에 몰두하던 중이었다. 인테리어 잡지 사이트의 '독자들의 집 자랑' 코너를 건성으로 보다가 한 장의 사진 앞에서 클릭을 멈추었다. 정확히 말하자면 주방이 아니라 이제 막 개조를 마친 거실 사진을 본 순간이었다. '거실이 이 정도라면 주방도 제법이지 않을까?' 하는 생각이 스쳐 지나갔고 결국 그녀와의 만남이 이뤄졌다. 프리랜서 인테리어 디자이너로 일하는 아나벨은 언제라도 편할 때 오라며 흔쾌히 방문을 허락해 주었다. 그녀의 새 보금자리가 뮤동이라는 말에 반가움이 앞섰다. 그곳은 학생 시절 내가 세들어 살았던 도시였다. 혹시 그녀의 집을 방문하고 나서 내가 찾는 주방이 아니면 어쩌나 싶어 전화상으로 여러 가지 질문을 했지만 그녀는 말을 아끼는 편이었다. 지은 지 1백 년에 가까운 마구간을 개조했다는 기본 정보 외에는 아는 바가 없었지만 나는 디자이너인 그녀의 감각을 믿어보기로 했다. 여자의 직감이란 언제나 정확한 법이니까.

신진 디자이너의 마음에 쏙 든 1백 년 된 마구간

아나벨 마르토는 둘째 아이의 출산을 기다리고 있는 새내기 인테리어 디자이너다. 2년 전, 그녀는 전 직장에서 지원하는 6개월짜리 데커레이션 집중 코스의 수업을 받고 큰 망설임 없이 개인사업자 등록을 냈다. 트렌드와 밀접한 직업의 특성상 파리에 거주하며 얻는 시너지 효과를 무시할 수 없을 텐데, 1년 전까지만 해도 10구역에 살았다는 그녀가 파리 서쪽 외곽도시인 뮤동으로 옮겨온 이유가 뭘까 궁금했다.

"뮤동에서 나고 자랐어요. 독립한 뒤 파리에서 약혼자와 오래 살았지만, 큰 아이를 낳고 둘째까지 임신하면서 넓은 집이 필요해졌죠. 공간이 클수록 집세도 비싼 파리에 더는 머물기 어려웠어요. 현실적인 이유로 이사했지만 주위 환경이 좋고, 익숙한 도시라 후회는 없어요."

이제는 남편이 된 브누와 이 집을 처음 방문했을 때, 20세기 초에 마굿간으로 사용되었다는 건물은 이미 아파트로 개조된 뒤였다.

집 상태는 최악은 아니었다. 방은 2개였지만 개조하면 3개로 나눌 수 있을 만큼 넓었고, 세탁실이나 저장고 등으로 사용할 수 있는 자투리 공간은 네모반듯하고 넉넉했다. 무엇보다 채광과 전망이 나무랄 데 없이 훌륭했다. 부부에게는 왠지 모험해 봐도 좋을 흥미로운 곳으로 느껴졌다.

장식장과 같은 블루 포인트 컬러로 힘을
준 식탁. 단색 블루 컬러 식탁보에 패턴이
있는 크로스를 매치해 단조롭지 않다.

벽 하나만 허물어 창조한 오픈 주방

물론 '여자라면 누구나 꿈꾸는 맞춤 주방'에 대한 로망이 아나벨에게도 있었다. 하지만 낡아도 면적이 100m²나 되는 아파트를 매입하고 나니 '꿈의 주방'은 말 그대로 '꿈 속의 주방'이 되고 말았다. 빠듯한 예산을 쥐고 그녀가 선택한 건 공간 재분할. 특히 가벽으로 둘러싸여 다른 공간들과의 소통이 막혀 있던 주방은 고민 없이 벽을 트기로 했다. 대신 예전에 드나들던 주방 문을 막고 철거한 벽 쪽에 아일랜드를 두고 그 아래로 장을 짜 넣어 수납 공간을 마련했다. 주방가구와 바닥 상태가 양호해 주방과 다이닝 룸을 가르는 벽만 제거했을 뿐인데 결과는 만족스러웠다. 다이닝 룸은 주방이 개방되면서 창문으로 스미는 햇빛을 함께 누리게 되었다. 가구를 그대로 두고 핵심만 살짝 건드려 새로운 공간으로 해석해 낸 아나벨. 2년차 인테리어 디자이너지만 이 정도면 공간에 대한 이해 능력이 돋보이는 결정이다.

부모님의 창고 물건으로 다이닝 룸을 채우다

무난한 화이트 벽에 차가운 느낌 때문에 인테리어에 잘 사용하지 않는 블루 컬러를 매치한 것이 색다르게 느껴졌다. 남다른 컬러 선택은 그만한 사연이 있었다.
"일본인인 엄마는 유학생으로 프랑스에 오셨다가 아버지를 만나 결혼하셨대요. 어렸을 때 엄마를 따라 외가에 가기도 했으니까 제 무의식 중에 그곳에 대한 향수가 남아있었나 봐요."
짙푸른 컬러의 식탁보를 보며 바다와 물고기 비늘을 연상했으면서도 엄마의 나라인 일본에 대한 아련한 향수일 거란 생각은 하지 못했다.
아나벨 부모님의 창고에는 버리긴 아깝고, 쓰자니 유행이 지난 물건들이 쌓여 있었는데, 다이닝 룸의 식기 장식장도 그 중 하나였다. 장식장을 존재감 강한 블랙과 짙은 코발트 블루로 칠해 놓으니 다이닝 룸에 확실한 포인트가 되었다. 식탁 의자 중 두 개는 그레이 컬러를 칠했다. 화이트와 블랙, 블루로 채운 공간에서 중간 톤으로 사용한 그레이 컬러 식탁은 원목 바닥과 더불어 공간의 분위기를 좀더 부드럽게 연출하는 효과를 발휘했다. 이 정도의 결과라면 최소의 지출로 최대의 개조 효과를 보았다고 자신 있게 말해도 되지 않을까?

1
2

1. 화이트 주방은 컬러 포인트를 주면 생동감이 살아난다. 블랙 컬러로 힘을 주고 여러 가지 블루 컬러 계열을 활용해 지루하지 않다.
2. 햇빛이 잘 드는 창가에는 화병을 두었다. 마른 꽃과 가지를 두어 내추럴한 멋을 뽐냈다.

리폼 소품으로 스타일리시한 주방 연출

아나벨의 주방을 촬영하며 얻은 소박한 교훈이 하나 있다. 꼭 필요한지 아닌지의 여부를 떠나 무엇이든 사들이는 요즘 사람들과 달리 그녀는 가구와 소품에 치여 살지 않는다는 사실이었다. 어머니가 쓰던 색 바랜 디저트 스탠드와 이빨 빠진 일본 그릇 몇 개면 채워지는 그녀의 허영심은 작고 착하다. 과소비를 부추기는 사회에서 조금 모자란 듯 살기로 한 아나벨의 결심이 기특하다.

물론 데커레이션을 해 나가며 얻는 작은 기쁨은 별개다. 공간 연출의 마무리에 필요한 소품만큼은 누가 뭐래도 자신의 방식대로 선택하고 싶었다. 사실 자신만의 방식이라는 것도 소박하기 그지없다. 트렌드에 목메는 많은 이들이 고가의 디자인 의자와 소품들을 열망하지만, 아나벨은 일러스트레이션이 강렬한 토르숑✪ 한 장과 황금색 스프레이를 뿌린 스티로폼 재질의 사과 장식품으로도 자신의 개성을 표현해낼 줄 안다. 여기에 그림 한 점과 키 큰 화초의 조화는 넘치지 않고 정직한 리폼의 효과를 대변하고 있는 듯하다.

누가 프랑스인 아니랄까 봐 1시간이 넘도록 요리에 매달리고 있는 아나벨을 보니, 유학생으로 와서 프랑스 남자와 결혼했다는 얼굴도 모르는 그녀의 어머니가 친근하게 느껴졌다. 자신을 꼭 닮은 아이가 엄마의 문화를 사랑하게 되었음을 깨닫는 기분, 참 대견하고 따뜻할 것 같다.

외국에 오래 살다 보면 예고도 없이 들이닥치는 향수병과 마주하게 된다. 다음에 한국에 갈 때는 나 역시 엄마가 오랫동안 두고 쓴 모난 그릇 하나쯤 가져오고 싶어졌다.

✪ 토르숑 Torchon | 설거지 후 물기를 닦는 마른 수건

그녀의 주방 꾸미기

코지 공간은 의자로 중심을 잡는다

코지 공간은 잘만 활용하면 한 평의 편안함을 완성할 수 있다. 부모님의 창고에서 찾은 암체어에 쿠션만 무심히 올려 놓았다. 소파는 창을 등지고 안쪽을 바라보도록 배치해 공간의 무게 중심을 잡았다. 창가에는 파스텔 컬러로 리폼한 병들을 반복적으로 진열해 밋밋함을 없앴다.

페인트를 칠하기 전 밑그림을 그린다

색이 바래거나 유행이 지난 물건에 새로운 컬러를 입히는 페인팅은 리폼의 기본이다. 컬러를 칠하기 앞서 생각해야 할 것은 다른 아이템과의 조화. 선택한 공간의 포인트가 될 강렬한 컬러라면 가구 전체나 겉면보다 내부 또는 일부에만 칠해 보자. 확실한 변신을 꾀하면서 전체적으로 부담스럽지 않은 결과를 얻을 수 있다.

지금 처리할 물건들, 복고라는 이름으로 반드시 돌아온다

버려질 상황에 처한 물건도 남다른 안목으로 새롭게 변신시킬 수 있다. 아나벨이 블랙과 터키 블루 컬러 페인트를 칠해 리폼한 장식장은 어머니의 창고에 있던 평범한 가구였다. 새롭게 인테리어 단장을 할 때는 우선 부모님의 창고나 옷장을 살펴 보자. 재활용 쓰레기 수거일을 노려보는 것도 좋다. 짝없이 버려진 서랍들을 모아 상판으로 연결해 침대 협탁으로 만들면 개성을 더한 '복고 스타일'로 거듭난다.

아나벨 엄마의 창고에서 찾은 보물

1. 타일 모자이크가 소박한 분위기를 풍기는 냄비받침.
2. 5. 엄마가 쓰던 일본 전통 밥그릇. 장식장에 넣어 두어도 예쁘지만 때때로 초를 놓는 그릇으로 활용한다.
3. 어느 집에나 있을 법한 모형 과일. 자칫 조잡해보일 수 있으므로 골드, 실버 등의 세련된 컬러를 선택해 리폼했다.
4. 아이스크림 볼이나 케이크 트레이 등 높이가 있는 유리 그릇은 소품으로 사용한다.

그녀의 레시피

아나벨이 준비한 요리는 감자 퓨레와 오리조림을 곁들인 음식이다. 이 음식은 18세기에 활동했던 의사, 파르멍티에의 성을 딴 것으로 아일랜드 여행을 하며 감자를 알게 된 파르멍티에가 고국으로 돌아와 루이 16세에게 제안했던 요리라고 전해진다.
이후 감자 퓨레는 고기, 채소 등 기본 재료만 바뀌며 프랑스의 전통 음식으로 자리 잡아왔다. 특히 기름기가 많지만 불포화 지방산이 풍부한 오리와 잘 어울려 겨울철 보양요리로 으뜸이다. 낯선 이방인을 위해 정성껏 만들어 준 아나벨의 요리에서 백성을 걱정한 파르멍티에의 박애 정신이 느껴지는 것 같았다.

오리조림을 곁들인 감자퓨레

재료 4~6인분
오리다리 4개, 감자 300g, 우유(또는 사워크림) 100㎖~150㎖
양파 1개, 마늘 2톨, 천일염 3줌, 소금·후춧가루 약간씩

 **이렇게 만드세요**

1 오리다리의 지방을 제거한 후, 버리지 않고 따로 둔다. 다리는 천일염을 뿌린 뒤 랩을 덮어 하룻밤 냉장고에서 절인다.

2 ①의 지방은 작게 썰어 냄비에 담고 약불에서 끓인다. 완전히 녹으면 지방이 굳기 전에 체에 내려 다른 냄비에 옮겨 담는다. 절인 오리는 흐르는 물에 씻은 뒤 키친타월로 물기를 깨끗이 닦는다.

3 ②의 냄비를 중불에 올려 70~80℃로 데우고 절인 오리를 넣고 약불에서 뚜껑을 열고 2시간 끓여 콩피를 만든다. 이 때 정확하게 온도를 유지한다.

4 ③의 콩피가 완성되면 고기를 건져 큰 용기에 담는다. 살이 찢어지지 않도록 주의한다.

5 용기 위에 체를 받쳐 남은 기름을 부어 고기가 잠기게 한 뒤 그대로 완전히 식혀 건더기만 건져 살을 가늘게 찢는다.

6 소금을 넣은 물에 껍질을 벗긴 감자를 푹 삶는다. 뜨거울 때 포크로 으깬 다음 우유를 넣고 살살 섞어 소금과 후춧가루로 간한다.

7 프라이팬에 팬에 남은 기름을 두르고 채 썬 양파와 잘게 썬 마늘을 넣어 투명해질 때까지 볶다가 ⑤의 찢어둔 고기를 넣어 3분간 더 볶는다.

8 오븐용 용기에 오리볶음을 담고, 감자 퓨레를 봉긋하게 덮어 200℃로 예열한 오븐에서 15~20분간 데운다.

TIP 감자 퓨레에 우유를 넣고 오래 섞으면 전분으로 인해 반죽이 쫀득해지므로 주의한다. 우유 색이 보이지 않을 정도로 가볍게 섞는다.

02
80년대 레트로 감각의 **분리형 주방**

마리 베강 Marie Béguin

정년퇴직한 공무원
아르장퇴유Argenteuil, 80m² 주택

마리는 나의 취재 요청을 받아들인 사람들 중 유일한 독신녀였다. 한국에서는 독신녀보다 독거노인이라는 표현이 더 어울릴 나이지만 그녀에게선 혼자 사는 노인의 우울함이나 냉소적인 성격이 느껴지지 않았다. 젊은 시절 열심히 일한 대가로 매달 연금을 지급받는 마리는 에어로빅을 배우고 동네 연극단원으로 제2의 인생을 살고 있다.

얼마 전 프랑스의 아름다운 집을 소개하는 TV 프로그램을 통해 80년대 복고풍이 요즘 디자인의 모태가 되고 있다는 내용을 접했다. 현재 3·40대들에게 50년대 빈티지와 70년대 팝아트가 과거의 향수를 느끼게 하는 레트로 스타일인 것처럼, 그 이후 세대에겐 컬러의 춘추 전국시대라 불리던 80년대가 그렇다. 마리의 주방은 바로 그 80년대의 이미지 중 한 장면을 연상시킨다. 아이러니하게도 정작 주인은 전혀 그럴 의도가 없었단다. 자신은 그저 고국 벨기에의 핸드메이드 레이스와 가족들이 남긴 물건들을 두었을 뿐이라고 말한다. 타임머신을 타고 80년대로 돌아간 듯한 주방, 그곳에서 어떤 이야기를 찾아낼 수 있을지 기대가 컸다.

80년대 추억이 깃든 분리형 주방

마리의 주방은 80년대 스타일이 녹아 있다. 내가 어린 시절을 보낸 80년대가 그리움으로 각인되어 있어서인지 반가웠다. 다이닝 룸이 분리된 집의 구조나 나무 냄새가 짙게 나는 낡은 선반이 자리한 마리의 공간은 할머니의 주방을 닮았다.
누구도 쉽게 엄두내지 못하는 오렌지 컬러의 크레덩스✪타일 , 일부러 연출한 듯 걸려 있는 샛노란 머그들, 커튼 사이로 환하게 스며드는 아침 햇살까지…. 레트로 스타일을 염두에 두고 꾸미지 않았다는 마리의 말이 오히려 신기할 따름이다.
"이 집은 아르장퇴유로 발령받고 잠시 살기 위해 세들었던 집이에요. 당시에는 정착할 계획이 없었는데 어느덧 30년째 살고 있답니다. 세입자여서 주인이 사용하던 가구를 그대로 물려받았어요. 그러고 보니 그때가 80년대였군요."
주방을 대화와 소통의 공간으로 생각해서 거실과 한 공간으로 받아들이는 프랑스 사람들에게 이 집의 구조는 박물관에 있을 법한 공간이다. 하지만 독신이라 생활 리듬이 흐트러지기 쉬운 마리에겐 오히려 공간의 기능이 확실히 구분되는 이 구조가 잘 맞는다. 약간의 리폼만으로 달라질 가능성이 높았던 주방은 실제로 마리가 휘두른 요술봉에 의해 놀라운 변화를 일으켰다.

✪ 크레덩스 Credence | 주방의 작업대와 상부장 사이의 중간 벽. 기름이나 물이 튀는 것을 방지하기 위해 주로 타일을 붙이는 공간을 말한다.

1. 자연과 빛을 소재로 그림을 그린 인상파 화가의 작품이 프린트된 자석은 프로방스 스타일 문과 잘 어울린다.
2. 친구에게 선물 받은 벨기에산 앤티크 볼. 샐러드 그릇이지만 요즘은 과일이나 채소를 보관하는 용도로 사용한다.
3. 식사 때 늘 이용하는 잔은 손이 닿기 쉽도록 벽장 아래에 매달아 진열했다. 옐로 컬러 마니아인 그녀는 머그를 조르르 걸어 두었다.

1
2 3

Paris Kitchen | 121

벽지로 리폼한 주방 가구로 재치를 더하다

마리가 오래된 주방가구를 바꾸지 않은 건 비용 지출에 대한 염려도 있었지만 그보다 더 효과적인 아이디어가 있어서였다. 침실에 바를 벽지를 알아보다가 주방도구가 프린트된 벽지를 발견하고 반사적으로 주방가구를 떠올렸다. 사용한 지 30년이 넘어 모서리가 낡은 가구가 신경 쓰이던 차였다. 이 프린트 벽지로 여닫이 문만이라도 스타일링해 보면 어떨까 싶었다.

"평생 집 꾸밈에는 관심이 없었어요. 벽지로 주방 가구를 리폼하겠다는 생각은 디자인적인 효과를 위해서라기보다 스스로에 대한 최소한의 예의에 가까웠지요. 합판 조각이 떨어져 나간 가구에 둘러싸인 삶이 무슨 재미가 있겠어요."

인테리어 리폼을 하고 기대 이상의 결과에 놀랄 때가 있는데 마리의 경우가 그랬다. '폼'이 아닌 '필요'에 의한 시도였기 때문일까? 벽지 한 롤 당 지불한 가격과 하루를 바친 수고에 비해 결과는 대만족이었다. 마리의 집에 처음 온 사람들은 아르두와즈❂로 마감한 가구 위에 디자이너가 분필로 그린 것으로 착각한다니 낡은 가구의 놀라운 대변신이 따로 없다.

❂ **아르두와즈** Ardoise | 프랑스 브르타뉴 지방에서 생산된 돌로 만든 석판. 리옹산 석판이 벽돌 컬러이고, 노르망디산이 노란 색이 도는 것이 비해 브르타뉴 석판은 마린 블루 컬러다.

노년기 건강 지키는 마리의 건강 식단

마리가 나이에 비해 젊게 사는 이유는 철저한 식사 관리에서 찾을 수 있다. 지인들과 식사 약속이 많다 보니 집에서 혼자 식사할 때만큼은 최대한 가볍게 먹으려고 한다. 육류 섭취 역시 점심 식사 때를 정해 일주일에 두 번 정도로 제한한다. 프랑스인들이 자주 만들어 먹는 채소 수프와 훈제오리, 샐러드면 부담이 적고 건강한 한끼로 충분하다. 한 가지 남다른 면을 뽑자면 가장 즐겨 먹는 기본 재료인 채소가 고향인 벨기에에서 공수된 친환경 식품이라는 점이다.

"고향에서 남자 형제들이 3대째 물려받은 가업으로 농장을 운영하고 있어요. 유기농법으로 재배한 채소를 현지에서 가져다 먹어요. 특히 장기간 보관할 수 있는 당근과 감자는 한두 달에 한 번씩 가족들이 보내주죠."

그런데 그 정도가 끝이 아니었다. 한두 달에 한 번, 기차로 2시간이면 닿는 고향에 가는 마리는 돌아올 때는 가방 가득 치즈와 세계적으로 유명한 벨기에 초콜릿을 담아 온다. 종류만 5백여 가지가 넘는다는 프랑스의 품질 좋은 치즈만으로는 그녀의 향수를 완전히 달래지 못하는 모양이다. 고국의 음식을 가져다 먹는 극성이 결코 한국인들만의 전유물은 아닌것 같아 괜한 안도감이 들었다.

삶의 자취가 묻은 소품들이 주인공인 주방

마리의 주방에서 나의 유년 시절을 떠올렸던 건 집 구조 외에도 오랜만에 찾아온 손녀를 맞이하는 할머니의 모습을 느낄 수 있어서였다. 주방의 모습도 친근하다. 창가에 진열된 수공예 그릇들, 냉장고 옆 노란색 법랑 냄비들, 어머니가 만들었다는 손뜨개 커튼…. 이방인의 눈으로 바라보면 인테리어 소품이라 부를 만한 물건들은 모두 마리가 지나온 인생의 발자취일 뿐이다.

추억이 담긴 물건을 아껴서 오래 쓰다 보니 그녀의 레트로 스타일 주방처럼 앤티크가 되어 있더란다. 유행을 모르고 담담하게 사는 마리에게 주방은 디자인을 우선시한 공간일 리 없다. 그보다는 그녀의 30년 인생의 자취가 조각보처럼 차곡차곡 쌓인 곳이라고 해야 맞을 것 같았다.

1
2
3

1. 사진 동호회에서 알게 된 친구의 작품과 화가인 친구의 몬드리안풍 작품을 한 쪽 벽에 걸었다. 전혀 다른 스타일이지만 색상이 같아 묘한 조화를 이룬다.
2. 세계 최고로 손꼽는 벨기에산 레이스 커튼. 그녀에겐 어머니의 유품이라 가치 있고 의미 있는 소장품이다.
3. 초콜릿 한 조각과 함께 커피를 즐기는 마리. 그날 기분에 따라 이탈리아산 에스프레소 머신이나 모카 포트 중 하나를 선택해 커피를 내린다.

그녀의 레시피

프랑스에서는 일요일 점심 온 가족이 모여 만찬을 즐긴다. 점심을 푸짐하게 먹기 때문에 저녁 식사는 건너 뛰거나 간소하게 차리는데, 이 때 가장 잘 어울리는 메뉴가 프랑스식 수프인 포타주 Potage다. 채소를 갈아 끓인 포타주는 칼로리는 낮으면서 포만감을 주어 부담이 없다.

시부모님댁에 인사를 드리러 갔을 때 집에서 만든 포타주를 처음 먹었다. 아들의 여자친구를 위해 근사한 점심 식사를 준비하셨던 시어머니께서 저녁은 간단히 먹자며 뚝딱 만드셨던 음식이 포타주였다. 데친 셀러리와 대파를 믹서에 간 뒤 크림과 물을 넣고 끓여냈을 뿐이었는데 채소의 풍미가 그대로 살아 있어 맛있었다. 제철 단호박과 콜리플라워로 만든 마리의 채소포타주는 할머니의 동지 팥죽처럼 든든하고 정감있는 요리였다.

채소포타주

재료 4인분
토마토 2개, 단호박살(씨와 껍질을 제거한 것) 100g, 당근 1개
콜리플라워 70g, 양파 1/2개, 사워크림 4큰술(또는 콩크림 100㎖)
올리브 오일 적당량, 소금·후춧가루 약간씩

 **이렇게 만드세요**

1 토마토는 꼭지에 십자 모양으로 칼집을 내고 소금 넣은 끓는 물에 30초간 넣었다가 건져 찬물에 담근다. 껍질을 벗겨 4등분한다.

2 단호박은 손질한 뒤 큼직하게 썬다. 당근과 양파는 손질해 깍뚝 썬다. 콜리플라워는 씻어 적당한 크기로 썬다.

3 냄비에 물 1ℓ 와 소금을 넣고 끓으면 당근과 콜리플라워를 넣고 중불로 약 10분간 삶는다. 여기에 단호박을 넣고 다시 10분간 삶는다.

4 달군 프라이팬에 올리브 오일을 두르고 양파를 가볍게 볶는다.

5 ③의 채소 건더기와 국물 한 국자를 믹서에 넣고 곱게 간다. 이때 냄비에 남은 국물은 따로 보관한다.

6 ⑤에 토마토와 볶은 양파를 넣고 다시 곱게 간다. 남은 채소 국물을 붓고 약불에서 데운 뒤 사워크림을 넣고 소금과 후춧가루로 간한다.

TIP 채소포타주는 냉장고 속 채소를 갈무리하기 좋다. 파프리카나 대파, 셀러리, 양배추 등 다양한 자투리 채소를 활용해 보자.

03
자연의 색채를
들인
리폼 주방

스테파니 르롱 Stéphanie Lelong

영화 오프닝 크레디트 디자이너
파리 19구, 약 60m² 아파트
www.stephanielelong.com

파리 한복판에 자리했지만 주방을 프로방스 풍의 컬러와 소재로 꾸몄다는 디자이너의 집을 꼭 취재하고 싶었다. 오래전 프랑스 유명 잡지에 주방을 소개하기도 했다는 그녀의 주방에 끌렸던 것은 이국적인 매력 때문이었다. 안타깝게도 해외 출장이 잦아 취재에 응하기 어렵다는 답장을 보낸 그녀는 마음이 쓰였는지 자신의 여동생인 스테파니의 주방을 소개한다는 내용을 덧붙였다. 그녀 역시 인테리어에 컬러를 풍성하게 사용했다는 귀띔과 함께. 아닌 게 아니라 스테파니는 자신의 주방은 컬러와 과일이 특징이라고 소개했다. 컬러는 이해가 되는데 과일이라니…. 혹시 모형 과일들로 꾸민 백화점 과일 코너처럼 주방을 알록달록하게 장식한 건 아닐까 하는 궁금증이 생겼다. 스테파니의 주방을 실제로 보니 어떤 뜻에서 한 말인지 알 것 같았다. 한 가지 확실한 건 이 세상 어떤 컬러도 자연이 선사하는 천연색만큼 마음을 순수하게 만들지는 못한다는 사실이다.

자발적으로 선택한 파리의 세입자

몽마르트의 사트뢰-쾨르$^{Sacré-Coeur}$ 성당과 인접한 소형 아파트에 사는 스테파니는 뜻밖에도 세입자였다. 파리에서 차로 2시간 걸리는 중부에 넓은 집을 소유하고 있지만 아이들의 교육과 일을 위해 기꺼이 세입자로 살고 있었다.

"시골에 별장 한 채쯤 가지고 있는 것도 나쁘지 않잖아요. 숨막히는 대도시에서 정신없이 살다가 하루 이틀 잠시 쉬다 올 장소가 있다는 것만으로도 당분간은 만족하며 살 거예요."

프랑스에는 대도시 외곽의 주말 텃밭이 도시인들에게 점점 인기를 끄는 추세다. 세입자 처지라도 스테파니처럼 시골에 별장이 있다면 낙심할 이유가 없다. 특히 데커레이션 아이디어의 대부분을 자연에서 얻는 경우라면 더욱 그랬다.

파스 플라로 연출한 유니크 주방

물론 세입자로서 겪는 여러 상황이 즐겁지는 않다. 작은 못 하나 박으려 해도 손이 후들거리는 판에 하물며 바닥을 바꾸고 벽을 허는 일이야 무슨 말이 더 필요하겠는가! 설령 너그러운 집주인의 승낙을 얻었다 한들 남의 집에 돈 들여 공사를 할 세입자가 몇 명이나 될까. 몽마르트 옆에서 살 수 있다는 사실만으로도 마냥 기뻐서 낡은 나무 냄새와 삐걱거리는 바닥도 좋았다는 스테파니였지만 그녀 역시 세든 아파트에 큰 투자를 할 마음은 없었다.

파스 플라✪ 하나만 내면 충분하다고 생각했다. 벽을 다 철거해도 좋다는 허락을 받고도 파스 플라를 만드는 선에서 공사를 마친 건 처리할 문제들이 얼마나 번잡스러운지 잘 알기 때문이었다. 아이러니한 건, 만약 벽 전체를 허물었다면 다이닝 룸에서 바라 본 주방이 지금처럼 캔버스 그림 같은 느낌을 연출하지 못했을 것이라는 사실이었다. 어디에서 주방을 바라보느냐에 따라 화폭 속 물체들이 달라지는 3D 작품이라고 할까? 현실적인 이유로 택한 파스 플라가 더 나은 결과를 가져온 셈이다. 다채로운 컬러로 조합된 주방 아이템들이 파스 플라를 통해 유니크한 인테리어 효과를 내고 있다는 점이 흥미롭다. 큰 공사 대신 주방 공간을 재해석해 낸 스테파니의 현명함이 빛을 발하는 순간이다.

✪ 파스 플라 $^{Passe-Plat}$ | 음식을 나르기 위해 주방 벽에 내는 구멍

2
3
1

영화 특수 장비를 벽면 데커레이션에 활용하다

레오나르도 디카프리오가 주연한 영화 캐치 미 이프 유 캔^{Catch Me If You Can}을 주의 깊게 보았다면 영화의 오프닝 크레디트^{Opening Credit}가 얼마나 잘 만들어졌는지 기억할 것이다. 스테파니의 남편이 바로 그 영화의 오프닝 크레디트의 제작에 참여한 디자이너란 걸 알았을 때, 나는 주연 배우를 직접 만난 것 마냥 흥분했다. 개봉 전 영화의 크레디트를 제작하는 스테파니와 남편은 어느 날 이 낡고 개성 없는 아파트를 특수 장비를 이용해 꾸미면 어떨까 하는 생각을 했다. 높은 전력의 조명 기기에 원하는 컷팅 밑그림을 덧대고 벽을 비추면 벽이 전사지 역할을 한다는 원리를 이용했다. 마치 고급 벽지를 맞춤 시공한 듯 보이는 거실의 벽화는 그렇게 탄생했다. A4 용지에 밑그림을 정확히 그리고, 선을 따라 깔끔하게 자를 줄 알면 누구나 시도할 수 있다. 여기에 자신이 원하는 색상을 선택하는 건 빼놓을 수 없는 즐거움이다.

앤티크 시장에서 큰맘 먹고 사왔을 것 같은 투박한 펜던트는 길가에서 주웠단다. 원목 식탁 역시 공사장에서 주운 나무 판자를 가장자리에 덧댄 뒤 시골 별장 등에서 구한 의자와 벤치를 함께 매치한 것이다. 국적 없는 물건들의 기막힌 조화가, 각각의 개성이 모여 매끄럽게 창조되는 한 편의 영화 같다는 생각을 해 보았다.

1. 오렌지, 옐로, 그린 등 주방 소품의 신선한 색감은 그녀가 주방 데커레이션 아이템으로 즐긴다는 과일의 색채에서 영감 받은 듯 하다.
2. 프랑스 음식에 자주 사용하는 로즈마리 등의 허브와 백리향은 라탄 바구니에 담아 두고 필요할 때마다 바로 꺼내 쓴다. 유지류는 프랑스 공인 친환경 유기농 제품만 고집한다.
3. 아이들에게 간식을 서비스하기 위해 세팅한 테이블. 벼룩시장에서 구입한 플라스틱 접시와 법랑 받침대로 뚝딱 세팅을 했다.

빈 병으로 수납과 장식, 두 마리 토끼를 잡다

이즈음에서 확실해지는 사실이 있다. 개성 넘치는 집의 주인들은 하나같이 나름대로의 고집과 신념을 가졌다는 점이다. 그들은 남들이 하듯이 따라 하다 보면 가지기 어려운 '그 무엇'을 가졌다. 본인의 성격이 고스란히 드러나는 스테파니의 '그 무엇'은 바로 빈 병이다. 그녀의 컬렉션이 특별한 이유는 수집 자체가 아니라 실속 있는 아이디어를 담고 있어서다. 파스 플라를 만들면서 설치한 긴 선반은 수납에 도움이 되지 못했다. 작은 틈을 최대한 활용하는 스테파니는 자연스럽게 빈 병을 활용하는 아이디어를 떠올렸다. 하지만 소품 매장에서 파는 예쁜 진열용기들의 비싼 가격에 놀라 오래전부터 활용하던 병 수납을 파스 플라와 접목하기로 마음먹었다. 특수접착제로 선반에 병뚜껑을 붙이고 뚜껑 대신 유리병 몸통을 돌려 재료를 꺼내 쓰는 그녀의 '잇 아이디어'는 실용성 이상의 효과를 가져왔다. 유리병에 담은 내용물의 화려한 색감이 주방 안에서 잔잔하지만 규칙적인 리듬을 연출하기 때문이다.

과일이 품은 자연의 빛깔로 장식한 주방

이 집의 인테리어를 상징하는 최고의 아이템은 단연 과일이다. 대단한 디자인 상품도 아닌 과일의 매력에 언제부터 빠지게 되었는지는 그녀 자신도 잘 모른다. 스테파니가 거실과 주방 곳곳에 과일 바구니를 과할 정도로 준비해 두는 이유는 빛깔과 저마다 다른 형태를 가진 자연의 산물이 신비롭고 사랑스러워서다. 사실 그녀의 과일 예찬을 듣지 않아도 풍성한 과일을 보고 있으면 누구라도 그 에너지로 기분이 좋아진다. 자연의 빛깔을 집을 꾸미는 소재로 삼은 그녀의 산뜻한 주방을 보니 자연이야말로 최고의 데커레이터가 틀림없다.

그녀의 주방 꾸미기

재활용 용기는 통일감을 주어 배치한다

유리병, 페트병, 라면상자 등 재활용이 가능한 패키지를 모으는 경우가 많다. 똑같은 규격의 패키지는 여러 개 모아 수납하면 통일감이 생겨 단정하다. 쌀, 콩, 팥 등 곡식은 페트병에 담아 서랍장에 일렬로 넣고, 파스타는 종류별로 유리병에 담아 싱크대 위에 놓는 방법으로 수납의 흐름을 형성해 보자.

모티브 벽화는 최소한 간단하게 표현한다

집을 꾸밀 때 포인트 인테리어로 활용하는 벽화는 집주인의 취향을 그대로 반영한 단 하나뿐인 작품이다. 벽화를 직접 시공하고 싶다면 모티프는 최대한 심플한 것으로 정한다. 물론 시공할 벽과 같은 크기의 흰 종이 위에 먼저 연습한다. 원하는 모티프를 종이에 그리고, 선을 따라 잘라 조명기에 대어 벽을 비추면 그림자가 생긴다. 밑그림과 조명 사이의 거리를 조절하면 크기를 조절할 수 있다. 이렇게 밑그림을 먼저 그린 후 다음을 진행해야 실수를 막을 수 있다. 특수 조명이 아니라도 할로겐 등 전력이 강한 것이면 모두 가능하다.

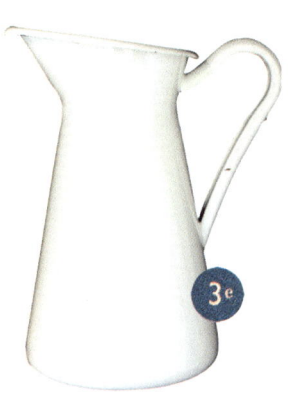

스테파니의 주방 소품

1. 중국풍 패턴이 고풍스러우면서도 키치 스타일을 연상케 해 구입한 재료함.
2. 주방에 알록달록한 색감을 주려고 고른 머그잔. 디자인은 무난하지만 색감이 예뻐 주방 선반에 여러 개 올려 두었다.
3. 벼룩시장에서 구입한 저그로 화병으로 사용해도 잘 어울린다.
4. 빈티지한 느낌이 물씬 풍기는 계량컵. 밀크티를 우릴 때 종종 사용한다.
5. 프랑스 식탁의 필수품인 냅킨. 스트라이프나 도트 패턴 냅킨은 어디에나 잘 어울린다.
6. 보는 사람마다 탐내는 70년대 저울. 브르타뉴산 천일염을 올려 두었더니 멋스럽다.

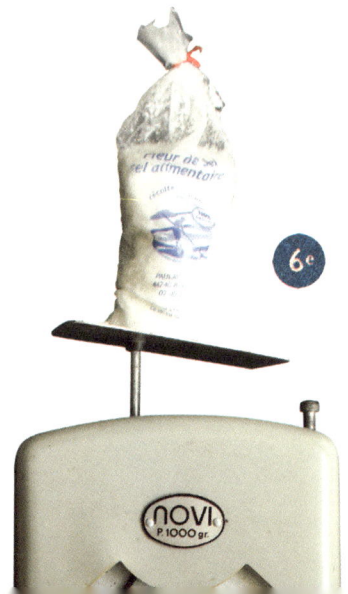

그녀의 레시피

브르타뉴 지방의 명물인 크레이프의 진정한 맛을 알고 난 후, 나는 헤아릴 수가 없을 정도로 많은 크레이프를 먹었다. 얇은 종이 한 장 두께의 바삭한 프랑스 전통 음식에 푹 빠져서 매주 토요일마다 식사용 크레이프, 디저트용 크레이프로 나눠 식단을 짤 정도였다.
스테파니는 크레이프를 요리라고 거창하게 표현하지 않는 대신 아이들 간식이나 일찍 퇴근한 날 저녁 식사 전 출출한 배를 달래는데 좋은 아이템이라고 이야기 했다. 인터뷰를 마치고 아틀리에로 나갈 준비를 하는 그녀가 후다닥 만든 크레이프를 권했다. 국민 메뉴는 손으로 들고 먹어야 제맛이라며 우리는 키득거리며 간식을 먹었다.

디저트 크레이프

재료 4~6인분

박력분 250g, 달걀(중간 크기) 4개, 우유 500㎖
올리브 오일 · 그랑마르니에(또는 럼주) 2큰술씩, 설탕 1큰술
식용유 · 과일잼 · 초콜릿크림 적당량씩, 소금 약간

이렇게 만드세요

1 박력분을 체에 내리고 가운데 구멍을 판다.

2 볼에 달걀을 넣고 푼 뒤 우유와 고루 섞는다.

3 ①의 구멍에 ②를 조금씩 부어가며 멍울지지 않도록 재빨리 휘젓는다.

4 ③에 소금, 설탕, 올리브 오일, 그랑마르니에를 순서대로 넣어 고루 섞는다. 반죽을 뭉쳐 랩을 씌운 다음 냉장고에 1시간 이상 둔다.

5 프라이팬을 중불로 달군 뒤 키친타월에 식용유를 묻혀 팬을 가볍게 닦는다.

6 반죽을 한 국자 떠서 프라이팬에 붓고 한쪽당 30초 이내로 굽는다. 크레이프가 뜨거울 때 과일잼이나 초콜릿크림을 올리고 돌돌 만다.

TIP 한꺼번에 크레이프를 구워 두었다가 먹고 싶을 때마다 팬에 살짝 데운다.

04

키치 스타일을
믹스 매치한 주방

소피아 안토노비치 Sofia Antonovitch

생활 소품 디자이너
몽트뢰유Montreuil, 약 100m² 주택
www.lesinvasionsephemeres.com/fr

자신의 스타일을 확실하게 안다는 건 큰 행운이다. 넘치는 정보와 트렌드의 홍수 속에서 대부분의 사람들이 자신의 취향을 포기한 채 살고 있으니 말이다. 처음 생활 소품 디자이너 소피아 안토노비치를 주목한 이유도 거기에 있었다. 주부였던 그녀가 크리에이터란 타이틀을 달고 활동한 지 벌써 8년째니 신인이라는 말과는 거리가 있지만, 소피아는 자신에게 쏟아지는 세상의 이목이 여전히 낯설고 신기하다. 빡빡한 스케줄로 바쁜 소피아를 다섯 번의 촬영 날짜 조율 끝에 만났다. 그녀가 세계의 인테리어 트렌드를 좌지우지한다는 '파리 메종&오브제Maison&Object Paris' 박람회 참여를 마치고 겨우 한숨을 돌리고 있을 때였다.

오페라의 아파트와 맞바꾼 정원

이사 온 지 이제 일 년이 넘었다는 소피아의 주택은 파리 동쪽의 20구역과 접한 도시 몽트뢰유에 위치하고 있다.

"파리의 번잡함에 지쳐갈 무렵이었어요. 아파트가 아닌 주택을 선택한 건 마음 속의 여유를 불러온다는 의미죠. 가식 없는 주민들의 미소를 볼 때면 확실히 시내와는 다르다는 게 느껴져요."

예술의 도시라는 거창한 이유 말고도 파리를 떠나지 않는 파리지엥들의 이유는 각양각색이다. 하지만 소피아가 도심의 중심부인 오페라를 등지고 이사한 데는 '마음의 여유'라는 추상적인 가치 외에도 현실적인 이유가 있었을 것 같았다. 그게 무엇이었는지에 대한 질문을 먼저 던져야겠다는 생각으로 그녀의 집에 들어선 순간 능히 짐작이 갔다. 노란 민들레로 덮인 정원과 헤즐넛 나무, 눈꽃처럼 예쁜 벚나무 아래에 놓인 등나무 안락의자가 바로 그 답이었다.

개조 공사 없이 스티커로 집을 꾸미다

정원 있는 집으로 이사를 가기로 결정했을 때 소피아는 개조 공사를 염두에 두지 않았다. 그녀는 의식적으로 분할한 세련된 공간보다는 유화 물감을 덧칠하는 화가처럼 있는 모습 그대로에 무언가를 보충하는 작업을 즐긴다.

물론 소품을 적극 활용하면 어지간한 단점은 눈에 띄지 않을 정도로 바닥과 벽돌벽의 상태가 좋았던 것도 공사를 건너뛴 이유 중 하나였다. 갓 출시된 그녀의 제품들을 이사한 집에 시험용으로 사용하기에도 안성맞춤이었다. 브랜드의 트레이드마크인 에펠탑 스티커, 착시 효과를 주는 새장 스티커, 침대 헤드를 대신할 뮤럴 스티커 등을 각 공간에 적절히 이용했다. 결과는 기대 이상! 벽을 뚫거나 바닥을 뜯지 않고도 아름다운 집이 완성되었다. 인테리어 매체에서 그녀의 집을 촬영하기 위해 줄을 이을 정도였다. 역시 좋은 아이디어란 최소한의 지출로 최대의 효과를 내는 법인가 보다.

1	2
3	4

1. 소피아가 결혼 후 지금까지 모은 잔과 유리컵. 남편과 함께 쓰기 위해 한 종류당 세트로 구입한 것 이외엔 스타일의 공통점이 없다. 되도록 화려한 컬러와 다른 식기와 어울리지 않는 소품을 고르는 것이 키치 주방의 포인트다.
2. 모티프가 화려한 트레이는 소피아가 멕시코에서 가져온 것으로 가스레인지 뒤편에 세워 기름방지판으로 사용하고 있다.
3. 주방이 집의 중요한 공간들과 연결되어 있어 덩치 큰 가구는 배치하지 않았다. 대신 통로 역할을 하는 코지 공간에 협탁과 소품을 두어 키치 스타일을 더했다.
4. 단골 와인 제조장에 주문해 구입한 와인박스에 알루미늄 손잡이를 달아 '프로방스 스타일' 서랍장을 완성했다.

소박한 꿈에서 시작된 스티커 디자이너로서의 성공

소피아는 도시적인 외모와는 달리 깍쟁이가 아니었다. 무거운 촬영 장비와 함께 들어선 손님의 짐을 선뜻 받아드는 그녀를 보니 마치 오랜 여행을 마치고 재회한 언니의 따뜻함이 느껴졌다. 돌쟁이 아들을 베이비시터에게 맡기고 오는 길이라는 그녀는 그제서야 커피 한 잔 마실 짬이 난다고 웃었다. 에펠탑을 모티프로 삼은 자신의 브랜드 '레 젱바지옹 에페메르Les Invasions Ephémères'의 디자인 작업을 집에서도 할 수 있다는 건 큰 장점이다.

"8년 전이었어요. 주차장에서 자기 차를 찾으려면 시간이 걸리잖아요. 남편이 우리 차에 대형 스티커를 붙여 두면 멀리서도 알아 보기 쉽지 않겠냐고 하더군요. 그래서 지인들에게 선물할 요량으로 스티커를 만들었는데, 어느 날 프렝탕 백화점의 관계자로부터 기획전 제안을 받았지 뭐예요."

그 일을 계기로 비전공자인 소피아는 디자이너로의 커리어를 한 단계씩 쌓기 시작했다. 광고업계서 일하던 남편이 그녀의 사업에 함께 뛰어들면서 시너지 효과를 일으켰다. 현재 온·오프라인에 전시된 아이템들은 사물의 소재와 형태를 단순하게 형상화한 소피아의 디자인이다. 그 중, 에펠탑과 나비 스티커는 프랑스 전역에 뮤럴 스티커 붐을 일으킨 인기 아이템. 더구나 매장에서 판매하는 제품은 대량생산된 중국산이 아니다. 프랑스 텍스타일의 역사를 쓰는 쥬이 박물관Mus?e de Jouy과 합작 생산한 원단으로 뛰어난 품질을 인정받았으니, 이만한 차별화 전략을 구사하는 사람이 한때 평범한 주부였다는 게 믿기지 않을 정도다.

내 멋대로의 멋, 콘셉트가 없는 키치 스타일의 주방 연출

'키치Kitsch'의 사전적 정의는 '저급한 취향'이다. 보다 부드럽게 해석하면 '조화롭지 않은'이란 의미와도 자연스럽게 통한다. 쉽게 말해 전혀 어울릴 것 같지 않은 색상, 질감, 형태, 재료 등을 일부러 섞어놓은 것이다. 일반 가정집과 키치 스타일 데커레이션의 가장 큰 차이는 바로 '일부러'란 단어 속에 있다. '고의로 만든 부조화'가 하나의 스타일로 인정받게 된 것이다. 그런 면에서 소피아의 주방은 키치 스타일의 전형적인 모습에 가까웠다.

벽돌 벽과 타일 바닥이 더해져 연출하는 따스함은 분명 프로방스 스타일에 가깝다. 그러나 플라스틱 스툴과 푸치아 핑크 컬러 철제 의자로 눈길을 옮기면 스타일을 규정하는데 시간이 걸린다. 앤티크 시장에서 저렴하게 구입한 가구, 멕시코 여행 도중에 구입한 거울, 90년대 초에 유행했음직한 노란 탁상시계, 그리고 오리엔탈 느낌의 플라스틱 조화를 보고 나서는 각각의 스타일보다 이 집합체들의 전체적인 분위기를 파악하는 게 더 흥미롭다는 사실을 깨달았다. 엄마의 장롱 옆에 걸린 중국풍 그림 액자처럼 익숙하지만 갖고 싶지 않은 물건들이, 예쁘기로 소문난 프랑스의 가정에 버젓이 놓인 풍경은 참 생경스러웠다. 70~80년대 전세계에서 유행했던 탐탐 스툴Tom Tom Stool이 복고 열풍을 타고 다시 생산되어 소피아의 주방에 놓여있는 걸 보니 더욱 놀라웠다. 위아래 어느 면으로 세워도 같은 형태인 헨리 마조넷Henry Massonnet의 디자인 스툴에 자신의 스티커를 부착해 키치화시키면서 차별성까지 살렸다.

"어릴 때 학용품에 스티커를 붙이던 기억을 떠올려 보면 알 거예요. 작은 스티커일 뿐인데 공책이 새것처럼 변신한 것 같은 짜릿함이 있었잖아요. 이제 그걸 내 집에, 내 공간에 적용해 보는 거죠. 겨울에도 나비가 집으로 날아드는 장면의 스티커라면 어른이 되었지만 신기하지 않을까요? 큰 공사를 하지 않아도 죽었던 공간이 되살아난답니다."

디자인에 대한 이야기를 할 때마다 소녀처럼 눈동자를 반짝이는 소피아. 그녀의 디자인이 브랜드 이름처럼 일시적인 침범에 그치지 않고 오래도록 인정받으리란 확신이 든다.

그녀의 주방 꾸미기

수시로 바꿀 수 있는 데커레이션을 활용한다

건축과 데커레이션의 차이는 작은 지출로 분위기를 변경할 수 있다는 것이다. 마음에 드는 뮤럴 스티커를 붙였더라도 완전히 다른 느낌의 포인트 벽지에 끌릴 수 있다. 마음에 쏙 든 펜던트 조명 역시 몇 년 뒤엔 다른 디자인의 제품으로 바꾸는 변화가 필요하다. 박재된 집보다 그때그때의 상황에 맞도록 조금씩 바뀌는 집에 생기가 돈다.

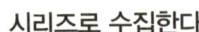

시리즈로 수집한다

키치 스타일은 부조화란 콘셉트만 지키면 상당히 자유롭게 매치할 수 있다. 서로 어울리지 않는 물건끼리 섞는 재미가 있는 스타일로 제품을 시리즈로 모아서 장식하면 좋다. 어차피 그 자체가 언밸러스한 아이템이라 반복적으로 진열하면 또 다른 느낌이 든다. 어떤 집합으로 나열하느냐에 따라 같은 물건들이 다른 효과를 내는 것도 키치의 특징임을 명심하자.

고의로 부조화를 일으킨다

프로방스풍 벽돌 크레덩스, 대리석 타일, 일본 인형, 파스텔 핑크 컬러 소금&후추통. 알레시Alessi의 와인 오프너. 한눈에도 일관된 기조를 찾을 수 없는 소품의 산만함이야말로 키치 스타일의 매력이다. 주변 아이템들과의 조화보다 물건 자체의 개성이 더 중요하므로 어느 집에라도 연출해볼 만하다. 정리정돈에 소질 없는 사람들도 쉽게 시도할 수 있다.

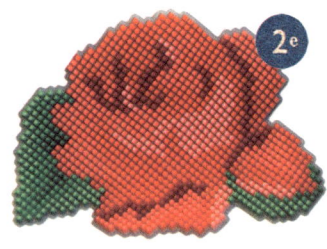

소피아의 키치 스타일 소품

1. 아시아풍 모티프를 키치 스타일로 탈바꿈시켜 유명한 영국 디자이너 피오나 헤위트 Fiona Hewitt 의 보관용기.
2. 고무로 만든 냄비받침. 소피아의 키치 주방에 더없이 잘 어울리는 소품이다.
3. 커피, 티타임에 꼭 필요한 3단 케이크 스탠드. 파스텔 컬러와 패턴이 로맨틱해 데커레이션 아이템으로도 손색없다.
4. 벼룩시장에서 구입한 양념통으로 소금 & 후추를 담아 사용하고 있다.
5. 에펠탑을 아이콘으로 삼아 소피아가 디자인한 받침.

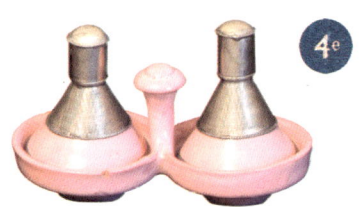

그녀의 레시피

아랍 전통 음식인 양고기찜은 프랑스 일반 가정에서 가장 즐기는 요리다. 아랍 국가에서는 돼지고기는 먹지 않고, 쇠고기는 구하기 힘드므로 양고기를 흔하게 먹는다. 양고기찜은 20세기 초, 프랑스의 식민지였던 아랍 국가 국민들이 이민자 정책으로 프랑스에 정착하면서 이어온 음식 중 하나다. 초대 문화가 발달한 프랑스에서는 여러 사람이 모였을 때 양고기찜을 많이 먹는다. 질 좋은 고기를 다른 재료들과 약불에 오래 조리하면 육질이 연해지고 맛이 풍부해지는데, 양을 넉넉히 잡아야 하는 이 요리는 사골국을 고는 것과 비슷해 우리네 정도 느껴진다. 사골 국물 재료를 부어 오후 내내 뭉근히 졸인 소피아의 양고기찜엔 바로 그런 정이 녹아 있어 맛이 더 일품이었다.

양고기찜

재료 4인분

양고기(또는 영양 허벅지살) 300g, 물 250㎖
토마토 소스 150㎖, 사골 100g
그랑마르니에(또는 오렌지 리큐르) 60㎖
토마토(길쭉한 것) 3개, 양파(중간크기) 2개, 건포도 30g
블랙 올리브 15g, 마늘 4쪽, 올리브 오일 1큰술
마른 로즈마리가루 1작은술

 **이렇게 만드세요**

1 양고기는 한 입 크기보다 약간 크게 썬다.

2 토마토는 2등분하고 양파는 채 썬다. 마늘을 얇게 편 썰고 블랙 올리브는 4등분한다.

3 냄비에 사골과 물을 넣고 뚜껑을 열고 끓인다. 국물이 125㎖가 될 때까지 중불에서 졸인다.

4 달군 압력솥에 올리브 오일을 두르고 양고기를 앞뒤로 노릇하게 구운 뒤 키친타월에 올려 기름기를 뺀다.

5 ④의 압력솥에 양파와 마늘을 넣고 투명해질 때까지 볶는다.

6 ⑤에 구운 양고기를 담고 사골 국물을 부은 다음 나머지 재료를 모두 넣는다.

7 뚜껑을 덮지 않고 약불에서 1시간 30분간 졸인다. 바닥이 타지 않도록 이따금 국자로 젓는다.

TIP 사골국처럼 약불에서 오랜 시간 끓일수록 깊은 맛이 난다.

05

꽃으로 둘러싸인
블록형 주방

마리옹 레비 Marion Lévy

텍스타일 디자이너
파리 4구, 약 120m² 아파트
www.maisongeorgette.com

프랑스식으로 '레비'라고 부르는 마리옹의 성이 영어식 발음으로는 청바지 대표 브랜드명인 '리바이'라는 사실을 그녀와 여러 번 전화 통화를 한 뒤에 깨달았다. 성만 듣고도 출신을 알 수 있는 프랑스에서 마리옹이 유대인임을 짐작하는 일은 어렵지 않았다. 이제야 마리옹이 창업한 지 10년 된 원단 회사의 텍스타일 디자이너이고 파리의 유대인 원단 업체 밀집 구역인 마레에 산다는 점이 우연이 아니라는 것을 알게 되었다. 파리에선 '원단업체-마레구역-유대인'이란 공식이 진리처럼 여겨지니 말이다. 이 집안 사람들이 얼마나 원단을 잘 다루면 이런 공식이 생겨났는지에 대해서는 '리바이스' 라는 유명한 청바지 회사가 입증하고 있다.

그녀의 아파트를 방문하기 전, 내 관심사는 조상으로부터 남다른 재능을 물려받은 자손들의 생활 감각은 어떨까 하는 점에 쏠려 있었다. 유난스럽게 내리던 눈이 녹아 흐르던 어느 아침, 그 호기심을 채우기 위해 마리옹의 집을 찾았다.

작은 꽃다발로 꾸민 봄날 같은 주방

나이가 들면 감성도 시든다는 속설은 마리옹 레비에겐 전혀 어울리지 않는 이야기였다. 그녀의 긴 곱슬머리에 꽂은 리본핀만 봐도 50대의 커리어 우먼이라기보다 소녀의 이미지에 더 가까웠다. 첫눈에 들어온 마리옹의 주방은 온실을 방불케 했다. 햇살이 아낌없이 쏟아지는 창가 옆 주방은 봄의 한가운데인 양 꽃 천지였으니 말이다. 주방을 꽃으로 장식한 것인지, 온실 한 켠에 주방을 꾸몄는지 잠깐 분간이 가지 않았다.

"마음에 드는 꽃이 있으면 그냥 지나치지 못할 정도로 꽃을 좋아해요. 대신 한 다발씩이 아니라 종류마다 한 송이씩 사지요. 가격 부담이 적고 꽃을 감상하는 재미가 있잖아요. 우리 집에는 일년 열두 달 늘 꽃이 있어요. 꽃으로 둘러싸인 집, 상상만으로도 기분이 좋아지지 않나요?"

마리옹은 조막만 한 부케와 나뭇가지 등의 소재를 주방 곳곳에 자유분방하게 연출해 놓았다. 나 역시 꽃 시장에 자주 다니던 엄마와 오랜 세월 꽃가게를 운영했던 작은 부모님이 떠올라 당장이라도 그녀의 주방 데커레이션을 실천해보겠다는 다짐이 앞섰다. 그동안 그림과 사진, 조리 도구로 주방을 꾸미는 경우는 적잖이 봐 왔지만, 관리하기 어렵고 걸리적거리는 꽃으로 주방에 포인트를 준 건 마리옹이 처음이었다. 식물 모티브가 자주 등장하는 그녀의 텍스타일 디자인이 지극히 자연스러웠다.

가족 모두에게 평등한 주방 구조

마리옹의 아파트는 거실, 거실보다 훨씬 큰 다이닝 룸 그리고 세 개의 방으로 이루어져 있다. 참, 현관과 거실을 잇는 복도도 빠뜨리면 안 되겠다. 말이 복도지, 폭이 2m가 넘어 복도 양쪽 벽면을 빌트인 수납 공간으로 사용할 정도다. 마리옹의 주방을 소개하면서 긴 설명을 덧붙이는 이유는, 현관 옆 독립된 공간을 제외한 다섯 곳이 모두 주방을 바로 접하고 있는 특이한 구조 때문이다. 여기에 개조 공사 이전의 상태를 최대한 보존하려는 마리옹의 의지가 담겨있다. 10년 전 사무실을 아파트로 개조하며 그녀가 건축가에게 당부한 것은 크게 두 가지였다. '가능하면 분할된 공간을 해체하지 않을 것'과 '집의 어느 공간에서든 주방으로 바로 출입 가능할 것'이었다.

"모든 부실과 통하는 주방의 위치를 통해 가족들에게 평등을 알려주고 싶었다고 해야 할까요? 부모의 방 옆에 주방을 가깝게 두는 구조는 아이들이 무의식 중에 요리는 엄마만의 일이라고 인식할 수 있으니까요."

마리옹의 표현을 빌려 말하자면 그녀의 '민주적인 주방'은 그런 의도에서 탄생된 곳이었다. 가족끼리 얼굴을 맞대고 저녁 식사를 하는 일이 무엇보다 중요한 프랑스 문화와 식사예절과 가정교육이 엄격하기로 유명한 유대인 문화까지 더해진 주방이다. 당연히 그녀의 아들 딸들은 누구라도 먼저 귀가하면 저녁 식사를 준비한다. 막내딸이 올해 고등학교를 졸업하니 미성년자 노동 착취는 아니라고 안심하라면서 웃는 그녀에게서 진정한 가정교육을 보는 것 같았다.

디자이너에게 주문 제작한 원목 식탁은 8명이 둘러 앉기에도 넉넉한 크기다. 식사는 물론 미팅과 작업 등 여러 가지 용도로 쓰인다.

살림은 즐겁게 하고 디자인 효과를 높인 주방

각 면마다 색깔이 다른 정육면체의 큐브 퍼즐을 아는가? 마리옹의 주방은 이 장난감과 묘하게 닮아 있었다. 우선 벽이 없다는 점이 그렇다. 온전히 주방만 놓고 보았을 때는 벽이 없다. 아파트의 어느 공간에서나 쉽게 연결되는 소통 구조를 택했음에도 주방이 독립적인 큐브처럼 존재하는 형태가 신기하기까지 하다. 큐브 퍼즐 구조의 또 하나의 특징은 9개 조각이 모두 동일한 컬러로 맞춰졌을 때 비로소 한 면의 가치가 생긴다는 점이다. 바퀴를 달아 이동이 가능한 그녀의 주방가구에서도 비슷한 구석을 발견했다. 손님을 초대해 식탁을 차릴 때 특히 유용할 것 같은 이동식 서랍은 제 역할을 다하고 원래 자리로 복귀된 상태가 제일 보기 좋으니 말이다.

" 획기적으로 살림을 돕는 아이템이 있었으면 했어요. 요리와 손님 자주 초대하는 사람은 이해할 거예요. 테이블 세팅을 하기 위해 주방과 식탁을 얼마나 많이 오가는지 말이에요. 무거운 조리기구들을 한꺼번에 들어내기가 어렵다는 것도요."

수납과 공간 통일 효과가 있는 입체 프레임

모든 살림이 드러나는 그녀의 주방을 사진으로 먼저 봤을 때 블록형 천장 프레임이 가장 눈에 띄었다. 자주 쓰는 주방도구를 걸어 편의성을 높이고자 한 마리옹의 요구를 반영하는 한편 공간에 포인트를 주기 위해 건축가가 입체 프레임을 제안한 것이다. 시각적으로는 주방 아래 부분과 하나를 이루어 블록형 구조를 잘 표현한다. 여기에 자유분방하게 걸어둔 물건들이 눈길을 사로잡았다. 냄비와 팬은 물론 프레임에 자석을 장착해 칼까지 접착시켰다. 다소 엽기적이긴 하지만 주방다운 아이템이라 납득이 간다. 가장 궁금했던 건 리넨으로 둘둘 만 큰 덩어리였는데 마리옹이 설명하기도 전에 훈제 베이컨이란 걸 눈치챘다. 하지만 가장 획기적인 아이템은 수납장 위 알루미늄 환풍기다. 아무도 신경 쓰지 않는 부분을 재치 있게 처리한 걸 보면 어떻게든 막힘 없는 주방을 꾸미려고 한 마리옹의 의지를 엿볼 수 있다.

가을에 출시할 텍스타일 디자인 때문에 일이 많다면서도 마리옹은 이방인을 식탁으로 초대했다. 그리고 갓 구운 아몬드쿠키와 이탈리아식 에스프레소를 함께 냈다. 작업을 마친 후 차를 마시며 나누는 수다의 즐거움을 그녀도 아는 눈치다.

1
2
3

1. 붙박이 가구와 달리 이동이 용이한 서랍장.
2. 환풍기와 접한 모서리에는 자석을 설치해 주방 칼을 붙여 놓았다.
3. 자주 쓰는 조미료를 쉽게 찾아 쓰려고 정리 프레임을 만들었다. 꽃 데커레이션이 주를 이루는 다이닝 룸과 조리대 사이의 경계가 되기도 한다.

그녀의 주방 꾸미기

꽃은 한 송이도 충분하다

꽃다발은 풍성한 멋을 뽐내지만 일주일 이상 보존하기 어렵고, 시들어 버리고 난 자리는 아쉽다. 이럴 때는 꽃을 한 송이만 꽂거나 소형 부케를 이용해 보자. 다른 종류의 꽃을 한 송이씩 모아 세 송이 정도만 꽂아도 화려한 부케 못지 않은 효과가 있다. 음식 준비로 부산하게 움직이다 화병을 깰까봐 걱정된다면 조리공간보다 식탁 위를 장식한다.

현상을 만들어라

주방도구를 매달거나 걸어 쓰는 방법은 수납공간이 많지 않은 주방에서 최선의 선택. 이 때도 콘셉트를 어떻게 잡느냐가 중요하다. 예를 들어 주방용 행거를 하나만 설치하지 않고 벽 길이만큼 길게 이어 도구를 줄줄이 건다거나, 개성이 뚜렷한 장식장을 배치해 그 안을 확실하게 장식한다. 마리옹처럼 작업대 위쪽으로 프레임을 제작해 설치하는 것도 멋지다. 단 공간을 위협하지 않을 정도의 크기로 제한한다.

묵직한 하나보다 가벼운 여러 가지로 멋을 낸다

식탁 위에 등을 하나만 달면 밋밋하고 심심한 공간에 포인트를 준다. 반면 크고 작은 조명이나 소품을 여러 개 천장에 달아 늘어뜨리면 공간의 분위기가 가볍고 발랄해진다. 크리스마스트리에 걸었던 볼을 작은 펜던트와 함께 매치해 보자. 천장에서 가볍게 떨어지는 듯한 볼들이 아래에서 뻗은 꽃들과 대조적인 분위기를 연출해 색다른 느낌을 준다.

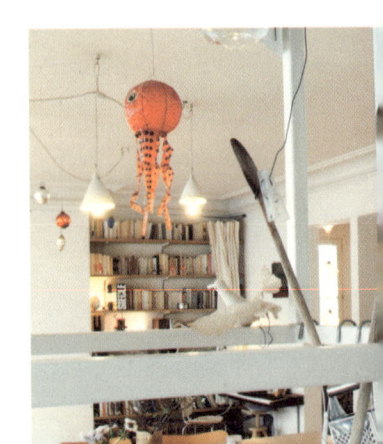

미리옹의 도마

자연 소재를 좋아하는 마리옹은 도마를 수집한다. 여행을 다니다 길이나 바닷가에 버려진 나무토막을 주워 소독한 뒤 도마로 변신시킨다. 부서진 나무, 바닷물에 둥글게 다듬어진 나무…. 그 형태와 컬러가 다양하다. 사람 손을 거치지 않아 멋스러운 나무는 치즈 플레이트나 나무 액자 등으로 나눠 쓴다.

그녀의 레시피

언젠가 고향이 튀니지인 친구에게 쿠키상자를 선물 받은 적이 있다. 수도 튀니스의 유명한 제과점에서 사왔다는 상자 안에는 처음 보는 예쁜 과자가 가득 담겨 있었다. 아랍 과자라고는 설탕범벅인 아몬드쿠키 정도만 먹어봤던 나는 깜짝 놀랐었다.

마레 구역에는 말린 과일과 견과류 등 아랍 본국의 재료로 만든 훌륭한 과자를 맛볼 수 있는 상점이 몇 군데 있다. 1백년의 전통을 자랑하는 이곳에는 친구가 선물했던 쿠키를 떠올리게 하는 과자가 많았다. 마리옹의 못난이 쿠키를 먹었을 때 신기하게도 비슷한 맛이 났다. 누군가를 위해 정성껏 준비하는 전통 쿠키는 모두 그런 착한 맛을 가졌는지도 모르겠다.

오렌지 콩피를 넣은 아몬드쿠키

재료 지름 5cm 크기 약 60~70개분

아몬드가루 150g, 설탕 200g, 물 60g, 달걀 흰자 2개분
박력분 30g, 베이킹파우더 4g, 바닐라 빈 1작은술
오렌지 콩피 1큰술(오렌지 껍질 1/2개분, 설탕 60g, 물 30g)
소금 약간

 이렇게 만드세요

1 오렌지 껍질과 설탕, 물을 넣고 졸여 오렌지 콩피를 만든다.

2 냄비에 설탕 50g과 물을 넣어 끓인다.

3 ②에 아몬드가루를 넣고 중불에서 물기가 사라질 때까지 볶듯이 뒤적여 반죽을 만든다. 미지근해질 때까지 실온에서 식힌다.

4 볼에 달걀 흰자와 소금, 남은 설탕 150g을 넣고 섞어 끝이 뾰족한 머랭을 만든다.

5 ③의 아몬드 반죽을 ④에 2~3번 나누어 넣어가며 머랭이 꺼지지 않도록 주의해 섞는다.

6 ⑤의 반죽에 체 친 박력분과 베이킹파우더, 바닐라 빈, 오렌지 콩피를 순서대로 넣고 섞는다.

7 오븐팬에 반죽을 숟가락으로 한 입 크기만큼 덜어 담고 150℃로 예열한 오븐에 15~20분간 굽는다.

TIP 반죽은 하루 전에 만들어 냉장 보관했다 다음날 구우면 맛이 더 풍부하다.

06
사람과 예술이 만나는 사교 주방

수잔 베베르그-본옴므 Susanne Wehberg-Bonhomme

독일어 교사
아르장퇴유Argenteuil, 약 120m² 주택

프랑스인과 결혼해 두 딸을 모델 뺨치도록 예쁘게 키운 수잔. 그녀가 독일 출신이란 사실을 알았을 때 나는 수잔을 덥석 안고 싶을 만큼 반가웠다. 20대 초반, 독일에서 유학했던 경험 때문만은 아니었다. 그녀도 '예고 없이 불쑥 찾아오는 고향에 대한 향수'를 알겠구나 하는 동질감이 크게 작용했다. 다행히 수잔은 독일과 프랑스를 고속으로 잇는 기차 탈리스Thalys 덕분에 4시간이면 가족을 만날 수 있다. 그렇다 해도 모국과 제 2의 고향을 비교하며 사는 그녀의 처지는 나와 다르지 않았다.

"독일에서는 차를 마실 때 마카롱보다는 초콜릿을 곁들이죠.", "아무리 프랑스가 미식의 나라라지만 먹는 데 너무 공들인다는 생각이 들지 않아요?" 라며 그녀가 애정이 어린 트집을 잡는 걸 보며 공감이 갔으니 말이다. 그녀와 나눌 이야기에 대한 기대로 맘이 설레였다. '독일 가구와 앤티크 제품, 어머니가 쓰던 그릇밖에 없는데 괜찮냐'고 묻던 수잔의 집을 기쁜 마음으로 찾아갔다.

가족의 라이프 스타일에 맞춘 주방

수잔은 자신의 주방은 거실과 다이닝 룸을 합한 하나의 공간이나 다름없다면서, 이 곳을 지인들을 위한 예술과 대화의 장소라고 소개했다. 피아노 레슨을 받으며 친해진 사람들과 거실에서 미니 콘서트를 여는가 하면, 화가 친구들의 그림을 곳곳에 걸고 감상하는 그녀를 보니 그 말이 딱 정답이다 싶다. 수잔의 주방은 물건에 이끌리기보다 그 장소에 담긴 정신을 더 중요하게 여긴다는 주인을 꼭 닮은 것 같았다.

이 집은 부부가 20~30대를 보낸 툴루즈Toulouse를 떠나 파리의 서쪽에 자리한 도시 아르장퇴유Argenteuil에 정착하면서 건축가인 남편 장-마리가 지었다. 그렇기 때문에 지인들을 집으로 초대하기 좋아하는 가족의 라이프 스타일을 충분히 고려해 설계할 수 있었다. 남편의 지인들과 수잔이 고등학교 독일어 교사로 일하며 쌓은 인맥들이 브런치, 티타임, 저녁 식사를 즐기기 위해 드나들 것을 염두에 둔 것이었다.

"누구라도 원하면 요리와 테이블 세팅을 거들 수 있는 개방된 주방이었으면 했어요. 처음부터 주방 면적을 넓게 잡고 다른 부실과 주방의 경계를 뚜렷하게 구분하지 않은 건 그런 의도 때문이었죠." 그와 함께 주방의 '잇 아이템' 가짓수도 줄였다. 한정된 공간에 드나드는 사람이 많으면 아기자기한 소품이 방해가 되기 때문이다.

새로운 만남에 왕성한 호기심을 느끼는 수잔이 외국어 교사 시험에 합격해 선생님이 된 지 벌써 10년. 수잔은 딸들이 독립한 후 생긴 여가 시간을 살사 댄스 수업과 성가대에서 맺은 새로운 사람들과 나누며 보낼 계획으로 한껏 들떠있다.

1
2
3

1. 고풍스러운 분위기의 플라워 모티프 식탁보와 의자가 잘 어울린다.
2. 자주 사용하는 식재료는 통째 진열해 필요할 때 바로 꽂아서 요리한다. 냉장고 자석과 메모지는 검소한 그녀에게 꼭 필요한 도구다.
3. 아르누보 스타일이지만 패턴이 과하지 않아 구입한 펜던트. 모던한 주방에 빈티지 느낌이 나는 펜던트를 나란히 달아 따뜻한 느낌을 냈다

프랑스 주방에 모국의 향수를 입히다

작년 겨울, 친지를 만나러 들렀던 뒤셀도르프Desseldorf의 앤티크 시장에서 문득 생경한 느낌을 받았다. 유학생이던 15년 전이었다면 프랑스와 다르지 않다고 느꼈을 그곳의 앤티크 제품들은 독일만의 독특한 감성을 가지고 있었다. 수잔의 주방과 다이닝 룸이 프랑스의 여느 집과는 다른 것처럼…. 그릇을 세팅하기 전 테이블보를 까는 일이나 차 한 잔 우릴 때도 촛불을 켜는 그런 사소한 독일식 습관 말이다. 하지만 고향의 향수와는 별개로 인생의 절반 이상을 프랑스에서 보낸 그녀가 이곳의 앤티크 제품이 탐이 나는 것도 이상할 건 없다. 이를 위한 그녀의 방법론은 간소하다 못해 알뜰하다.

"새 물건을 들이기 위해 쓰던 걸 버리기는 어려워요. 개인적인 정서가 깃든 물건들이 많으니까요. 다이닝 룸의 접이식 책상이나 식기 장식장은 어머니가 쓰던 가구인데 나 역시 '지겹다' 싶은 순간이 찾아 왔어요."

싫증난 마음을 달래기 위해 장식장 안쪽에 오리엔탈 풍의 짙은 바이올렛 컬러 벽지를 발랐다. 시간이 지날수록 맘에서 멀어지던 식기 장식장은 벽지로 새 옷을 입힌 다음부터는 자꾸만 열고 싶어졌다. 주방 개수대 위에 짝을 맞추지 않고 늘어뜨린 아르누보 스타일의 펜던트는 독일 앤티크 시장에서 구했다. 아르누보는 프랑스에서 시작된 예술 형태지만 수잔은 고향에서 구입했다는 사실 자체에 애착이 가는 모양이다. 디자인의 발생지와 상관없이 일상에서 사용한 삶의 흔적과 개개인의 추억이 깃든 앤티크 제품의 가치는 위대하다.

1 2

1. 현관을 마주보는 아일랜드 주방 양쪽의 기둥에는 여행 중 찍은 사진과 작은 소품으로 소박하게 장식했다.
2. 아르누보 스타일 조명이 은은한 느낌을 풍기는 수잔의 주방. 서랍장에 홍차 틴케이스를 모아 아기자기한 분위기를 완성했다.

단출한 주방을 사람과의 따뜻한 교감으로 장식한다

수잔은 유쾌한 사람이었다. 거기엔 물건보다 사람과의 관계를 더 소중히 여기는 그녀의 생활 철학이 연유된 것 같았다.

그녀라고 예쁜 커피잔을 보고 충동적으로 카드를 긁는 일이 없을까? 하지만 주된 지출 항목은 명품 식기가 아닌 친구들의 그림 구입비와 주부 교실 수업료다. 그녀에겐 인테리어에 신경을 쓰는 것보다, 초대한 지인들에게 직접 만든 케이크 한 조각 건네는 일이 더 소중하다.

최근에 주방 분위기를 바꾸기 위해 큰 맘 먹고 공사를 했다는데, 머스터드 컬러로 칠한 벽 두 군데가 전부다. 공사 면적이 크거나 극적인 효과가 드러나진 않지만 수잔은 오랫동안 벼르던 색상으로 직접 칠한 결과가 자랑스럽기만 하다.

"소품을 수집하고 트렌드에 맞춰 주방 기구를 구입하면 예쁘기는 하죠. 하지만 내 취향과는 거리가 먼 것 같아요. 요리한 다음 뒷정리만으로도 벅찬걸요!"

아니나 다를까 식사 준비는 주로 남편이 맡는단다. 그래도 작은 그림을 새로 걸거나 기존의 작품의 위치를 바꾸는 즐거움은 그녀에게 각별하다. 새롭게 단장한 공간에서 지인과 차를 마시거나 남편 회사 직원과 나누는 격식 없는 점심 식사는 충족감을 선물한다. 그녀가 세련된 디자인보다 사람들과 누리는 순간 자체를 이 집의 진정한 콘셉트라고 말하는 이유를 알 것 같았다.

남편은 식사를, 아내는 후식을 맡는 오후의 파티

촬영 전 수잔의 집에 답사를 갔던 날, 스무 명 가량의 친구들이 모여 그녀의 생일 파티를 하고 있었다. 토요일 저녁이나 일요일 점심 식사를 대접하는 보통의 프랑스인들과는 달리 오후 4~5시란 점이 특이했다. 디저트 뷔페 못지않게 다양한 케이크를 먹으며 티타임을 마친 사람들 중 몇몇은 피아노 연주자 옆에서 악기 이야기를 나누고, 다른 몇몇은 테이블을 옮겨 새 파트너와 대화를 이어갔다. 무슨 이야깃거리가 저렇게 무궁무진할까.

"독일에서는 트링켄 떼Trinken Tee라는 간식을 곁들인 티타임을 즐겨요. 오후쯤에 티타임을 시작해 7시 정도 가벼운 저녁 식사로 마무리하지요."

프랑스에도 오후 4시 간식타임이 있지만, 저녁 식사로 이어지는 독일 스타일은 새롭게 느껴진다. 그동안 주방은 여전히 분주하다. 베이컨샐러드, 샐러드파스타, 케이크 등을 친구들과 함께 능숙하게 만들어 내는 남편의 순발력이 빛나는 순간이었다.

생각해 보니 이 독특한 초대 문화는 낮이 긴 여름날, 대화를 통해 취미를 나누기 좋아하는 프랑스인들에게 의외로 잘 어울렸다. 분위기를 이끄는 주제가 물건이 아닌 사람들과의 관계라는 수잔의 말이 맞았다. 언젠가 꼭 열고 싶다는 티 숍에 관한 계획서에 피아노 둘 자리를 먼저 적어 두었다고 말하는 수잔이 부러운 건 멋진 주방 때문만은 아니었다. 좋은 사람들을 초대하고 편안히 맞이할 줄 아는 그녀에게서 가식 없는 성숙함을 발견해서였다. 그들의 말처럼 정말로 주방이 한 가정의 심장이라면 주인이 이 정도는 되어야 하지 않을까?

그녀의 주방 꾸미기

그림 배열로 코지 공간을 장식한다

아일랜드 선반 옆이나 주방 진입로의 빈 벽은 비워두는 것보다 소소하게 장식해 보자. 마음에 드는 포스터나 사진으로 자투리 공간에 활기를 불어넣을 수 있다. 사이즈가 작은 그림을 붙일 때는 중심선을 맞추거나 컬러를 통일한 뒤 나란히 붙이면 서정적인 느낌이 연출된다.

신체 조건에 맞게 전자제품을 설치한다

오븐과 세탁기는 허리선 아래쪽에 두는 것이 일반적인 방법이다. 하지만 사용자의 신체 조건을 고려한 위치 선정은 효율성과 기능성을 높이는데 큰 몫을 한다. 키가 큰 수잔은 식기세척기 위치를 높였는데, 허리 통증이 있는 남편이 사용할 때도 몸을 구부리지 않아도 되어 효과적이다.

가구 재배치로 효율성을 높인다

가구는 어느 공간에 놓느냐에 따라 훌륭한 오브제가 된다. 침실에 있던 접이식 책상을 주방 코너에 옮기면 가구 자체의 개성이 돋보인다. 패턴이 강렬한 의자는 선반이나 장식장 옆에 두면 색다른 인테리어 소품이 된다. 라탄 바구니에 드라이플라워를 꽂아 화병으로 쓰듯 가구 역시 원래의 기능 대신 다른 용도로 활용해 보자.

그녀의 레시피

케이크 반죽에 아몬드가루를 넣으면 밀가루만 넣었을 때에 비해 맛이 훨씬 풍부해진다. 프랑스에서도 아몬드는 고급 베이킹 재료 중 하나지만 바삭하고 깊은 맛을 내기 위해 자주 활용한다. 수잔이 원형 타르트 틀에 구운 아몬드케이크는 파운드케이크용 사각 틀에 구우면 빵의 식감이 더 쫄깃해진다. 넓고 평평한 원형 틀에서는 반죽이 골고루 익지만, 높이가 있는 사각 틀에서는 속이 천천히 익어 식감이 달라지기 때문이다. 구운 케이크는 완전히 식기 전에 종이 포일 등으로 감싸 익혀야 부드러운 맛이 오래 간다. 초대받은 날 부담 없이 구워가기에 더할 나위 없이 좋다.

아몬드케이크

재료 지름 28cm 원형 틀 1개분

박력분 210g, 아몬드가루 40g, 베이킹파우더 6g, 달걀 3개
플레인요구르트(무가당) 1개, 레몬 제스트 1개분, 설탕 60g
올리브 오일 5큰술, 아몬드 슬라이스 4큰술
소금 · 버터 약간씩

 **이렇게 만드세요**

1 박력분, 아몬드가루, 베이킹파우더는 합해서 체에 내린다.

2 볼에 달걀과 설탕, 소금을 넣고 핸드 믹서로 뽀얗게 될 때까지 섞는다.

3 ②에 올리브 오일과 레몬 제스트를 넣고 가볍게 섞은 뒤 플레인요구르트를 붓고 고루 섞는다.

4 반죽에 아몬드 슬라이스 1큰술과 ①을 넣고 고무 주걱으로 아래에서 위로 섞는다.

5 틀에 버터를 바르고 반죽을 부어 평평하게 담는다. 180℃로 예열한 오븐에서 20분간 굽는다.

6 케이크를 굽는 동안 달군 팬에 남은 아몬드 슬라이스를 가볍게 볶는다.

7 케이크를 꺼내 볶은 아몬드를 올린 뒤 실온에서 식힌다.

TIP 아몬드 슬라이스는 볶으면 고소한 맛이 배가 된다. 한 번에 넉넉히 볶은 뒤 베이킹할 때 반죽에 넣거나 장식한다.

07
빈티지 광고로 장식한 프티 셰프의 주방

이자벨 아이야스 Isabelle Ayas

스포츠 트레이너
메종 알포르 Maisons-Alfort, 65m² 아파트

이자벨은 여러 번 나를 놀라게 했다. 우선 헬스 클럽의 트레이너인 그녀가 요리를 즐긴다는 사실이 뜻밖이었다. 더 나아가 수준 이상의 음식 솜씨가 있다는 점. 그리고 끼니마다 풀코스를 차려 먹고도 40대 같지 않은 몸매를 유지한다는 것이었다. 놀라움은 거기서 멈추지 않았다. 이자벨은 신선한 요리 재료를 구하기 위해 매일 장을 보고, 점심 식사를 하러 잠시 집에 들른 남편을 위해 만찬을 준비하듯 식탁을 차린다. 집에서 보내는 시간의 절반 이상을 새로운 요리에 대한 생각으로 지루한 줄도 모른다는 이자벨. 셰프로 직업을 바꿔볼까 생각한다는 그녀의 농담을 그냥 흘려보내기 아까울 정도였다.

타고난 아마추어 셰프의 즐거움

세계적으로 유명한 프랑스 요리 전문학교인 코르동 블루$^{Cordon\ Bleu}$의 사전적인 의미는 '기발한 아이디어로 요리를 잘하는 사람'이란 뜻으로 실제로 프랑스 사람들이 음식 솜씨가 뛰어난 사람을 일컬을 때 자주 사용하는 표현이다. 그런 의미에서 이자벨은 '코르동 블루'라는 표현이 과하지 않을 사람이었다.

"첫 번째 요리요? 아마도 10살 무렵이었던 것 같아요. 엄마 옆에서 파스타를 삶고 빵을 굽는 일이 너무 재미있었어요. 부모님께서 퇴근하실 시간에 맞춰 저녁을 혼자 준비할 정도였으니까요."

아이러니하게도 그녀는 요리를 너무 사랑해서 전문 요리사가 되지 않았단다. 절친과는 동거하지 말라는 표현으로만 해석이 가능할 고백이다. 하지만 직업으로 삼는 순간 요리가 지겨워질 거라는 두려움을 느꼈을 소녀의 마음이 이해되지 않는 건 아니었다. 성인이 된 소녀는 자신의 주방에서 가족을 위한 요리를 하며 기쁨을 느낀다. 스타 셰프가 되는 일보다 지금이 더 행복하다면 이자벨은 이미 최고의 셰프가 된 건 아닐까?

요리에 집중할 수 있는 분리형 구조

이자벨은 자신의 주방이 작다는 말을 여러 번 강조했다. 내가 멋진 주방들을 보다가 실망할지도 모른다고 걱정했다. 결론부터 말하면 이자벨의 주방은 작았다. 하지만 지금까지 촬영한 주방 중 럭셔리한 주방 서너 곳을 제외하고 평균 면적이 8m²이었으니 6m²는 결코 작은 것만은 아니었다. 다른 주방에 비해 좁다고 느낀 건 분리형 구조였기 때문일 것이다.

"벽을 철거할까 고민했지만 분리형 주방 고유의 장점이 분명히 있어요. 음식 냄새와 기름때가 다른 부실로 번지는 것을 막을 수 있고 주방에서 나는 소리가 TV 시청을 방해할 일도 없잖아요. 무엇보다 주변이 산만하면 레시피를 놓치는 일도 생기고요."

눈대중이나 손대중으로 재료를 계량하지 않는 프랑스에선 요리할 때 레시피를 정확하게 따르는 걸 중요시한다. 분리형 구조를 살린 이자벨의 결정은 주방에 머무는 동안 요리에만 집중하고 싶은 그녀의 마음이 담겨있는 것 같았다.

1	2
3	

1. 유행이 지난 원목 서랍장을 주방으로 옮겨 에스프레소 머신 등 주방기구를 수납한다.
2. 오래 사용해도 질리지 않는 원목 가구는 편안한 느낌을 준다.
3. 원목 장식장에는 프랑스인들이 식사를 시작하기 전에 반드시 거치는 에피타이저용 술과 그때 사용하는 잔을 진열했다.

틴 사인보드로 취미와 데커레이션을 만족시킨 주방

이자벨의 주방에 들어서자 파리 북쪽의 벼룩시장인 생뚜앙Saint-Ouen에 갔던 날이 떠올랐다. 하루 만에 둘러보기 힘들 정도로 큰 시장이라 초입의 베르네종Vernaison 구역만 둘러봤는데, 호기심을 불러 일으키는 소품이 그곳에 가장 많았다. 꼼꼼히 구경하던 중 한 소품 매장에서 발걸음을 멈췄다. 오래된 차량 번호판부터 코카콜라병, 브라질의 커피 틴케이스 같은 19세기 말부터 20세기 중반까지 출시된 상품과 광고에 관련된 각종 아이템을 취급하는 곳이었다. 그녀의 주방은 그 가게를 옮겨온 듯 보였다. 벽에 걸린 메탈 틴 사인보드와 포스터들은 모두 그때 그 가게의 물건들이라 해도 믿을 수 있을 정도였다.

"오랜 시간 수집한 물건들이죠. 작정하고 주방을 꾸미려고 산 건 아니었는데 취미가 되었어요. 추억을 떠올리게 하는 코카콜라, 칼스버그 등 브랜드의 광고 관련 제품이죠. 제가 어렸을 때 출시했다가 지금은 사라진 것들이라 더 애착이 가는 것 같아요."

빈티지 광고판을 수집해 벽을 꾸민 이자벨의 쇼핑 노하우는 의외로 단순하다. 크기에 상관없이 마음이 가는 대로 고르되 반드시 메탈이어야 할 것! 소재만 통일해도 연관이 없어 보이는 아이템들이 일관성을 가질 수 있기 때문이다.

정성껏 차린 테이블 세팅, 몸매 관리의 비결

직업 덕분인지 이자벨은 40대라고 믿기 어려운 멋진 근육과 날씬한 몸매를 가졌다. 하지만 그녀는 요리하는 만큼 먹는 걸 너무 좋아하는 사람이었다.

"다이어트에 운동은 필수지만 그보다 더 중요한 건 건강한 식단이에요. 절대로 식사를 걸러서도 안되고요. 정해진 식사 시간 동안 근사하게 차려 골고루 먹어야 운동 효과도 빨리 나타납니다."

즉 '잘 먹어야 더 날씬해진다'란 뜻인데 그녀가 차리는 식단을 보면 수긍이 간다. 이자벨은 눈으로 먹는다는 표현이 맞을 정도로 음식을 소량으로 준비해 최대한 예쁘게 담는다. 푸짐한 일품 요리 대신 한 입에 먹을 수 있는 컵 요리를 즐기는데, 정성껏 만들어 아름답게 접시에 담는 등 세심껏 준비하다 보면 자연스럽게 폭식을 하지 않는다고. 핑거푸드를 선호하다 보니 테이블 세팅과 그에 필요한 액세서리에 관심이 많다. 높이와 폭이 다양한 유리잔과 평범하지 않은 접시 수집이 이자벨의 취향을 말해 준다.

공들여 차린 음식일수록 천천히 먹으며 음미하게 된다는 이자벨, 하루 한 끼를 정식으로 차려 먹어도 날씬하다는 파리지엥의 비법을 그녀에게도 엿볼 수 있었다.

그녀의 주방 꾸미기

계절에 따라 테이블 세팅을 바꾼다

정성껏 준비한 요리를 돋보이게 하려면 세련되게 담아내는 것도 중요하다. 계절 혹은 메인 요리에 따라 테마를 정해 세팅해 보자. 보통 요리 자체가 컬러풀할 경우는 그레이 컬러나 화이트 계열의 테이블웨어가 잘 어울린다. 모던한 컬러를 기본으로 여름에는 원목과 리넨 소재를 섞고, 겨울에는 오렌지처럼 따뜻한 컬러의 냅킨을 코디하면 전혀 다른 느낌을 연출된다.

컬러 매치로 공간에 통일감을 준다

심플한 주방에도 한쪽 벽 정도는 힘을 주는 것이 좋다. 특히 단조롭고 차가운 인상을 주기 쉬운 화이트 주방에는 컬러를 적절히 매칭하면 한층 생기 있어 보인다. 이자벨은 블루를 메인 컬러로 활용했다. 간이 테이블을 벽에 붙인 뒤 벽 보호를 위해 블루 컬러 타일을 시공했다. 타일과 같은 컬러 계열의 틴 사인보드와 보관함을 두어 통일감 있는 인테리어를 완성했다.

스테디한 소재는 부실을 바꿔 재배치한다

원목 가구는 크게 유행을 타지 않아 실용적이다. 접시를 수납한 장식장, 간이 테이블은 물론 에스프레소 머신과 토스트기를 올린 서랍장도 모두 원목 가구로 통일성을 살렸다. 좁은 주방에 변화를 꾀하고 싶다면 새로운 가구를 구입하기보다 침실이나 거실 등의 스테디한 가구를 주방으로 옮겨 재배치하는 것도 좋다.

이자벨의 빈티지 소품

1. 감초 뿌리와 미나리과 식물인 아니스를 가향해 만든 프로방스 지방의 특산술 이름. 오른쪽 하단에 '특상급의 아니스 술'이라고 내건 슬로건이 재미있다.
2. 빈티지풍의 일러스트레이션에 매혹되어 구입한 에스프레소 잔. 주방의 틴 사인보드와 잘 어울린다.
3. 장기간 보관이 가능한 드롭쿠키는 구워서 철제 수납통에 넣어 두면 티, 커피타임을 빛나게 한다.
4. 프랑스 사람들은 주방 온도에 신경을 많이 쓴다. 온도계 역시 빈티지 제품으로 구입한 센스가 돋보인다.
5. 익살스러운 표정과 화려한 색감이 잘 어울리는 보관함. 시리얼이나 파스타를 보관한다.
6. 봉봉Bonbon은 사탕을 일컫는 프랑스 말로 맛있어서 아이들이 너무 좋아한다는 의미다. 지금은 찾아보기 어려운 빈티지스러운 봉봉인출기는 이자벨에게 동심을 느끼게 한다.

그녀의 레시피

21세기로 들어서며 컵 에피타이저, 컵 디저트 등 컵 메뉴가 프랑스 요리의 새로운 스타일로 자리를 잡았다. 투명한 유리컵에 층층으로 쌓아 담은 재료들은 보는 것만으로도 맛이 상상이 될 만큼 예뻐 손님 초대 요리로 내기에 그만이다.

예전에 시누이가 컵 요리책과 작은 컵 6세트를 나에게 선물한 적이 있다. 요리에 무관심한 그녀가 내게 이런 선물을 한 건, 프랑스 요리에 빠져있던 당시 오빠의 여자친구를 향한 응원이었다. 얼마 후 식구들을 초대한 점심 만찬에 그녀가 선물했던 컵에 '크럼블 올린 토마토 캐비어'를 에피타이저로 준비했다. 말수가 적어 대하기 조심스러운 그녀의 정성에 대한 나의 진심 어린 화답이었다.

아보카도와 타라마컵

재료 높이 7x지름 4cm 컵 3개

아보카도 1개, 레몬즙 1개분
타라마(날치알 3큰술, 올리브 오일 · 레몬즙 1큰술씩)
발사믹 식초 3큰술씩, 사워크림 1작은술
소금 · 후춧가루 · 하리사 가루(고운 고춧가루) 1/4작은술씩
실파 2줄기

 **이렇게 만드세요**

1 아보카도는 씨와 껍질을 분리한 다음 과육을 포크로 으깨어 퓌레를 만든다.

2 ①에 레몬즙, 소금, 후춧가루, 하리사 가루를 넣어 고루 섞는다.

3 다른 볼에 타라마 재료를 담고 날치알이 터지지 않도록 살살 섞은 뒤 사워크림을 넣고 섞는다.

4 컵에 ②를 나눠 담고 발사믹 식초를 1큰술씩 두른다.

5 ④에 ③을 올리고 송송 썬 실파로 장식한다.

TIP 발사믹 식초는 토마토나 모차렐라 치즈 외에도 슬라이스한 채소 위에 살짝 뿌리면 잘 어울린다. 발사믹 식초와 소금, 후춧가루로만 간을 하면 멋진 에피타이저를 만들 수 있다.

카티아 골드만 Katia Goldman
& 에두와르 페르아르노 Edouard Perarnaud

펑키 재즈가수 & 소설가
파리 19구, 약 100m² 주택
www.myspace.com/katiagoldmann

법학생이던 그녀는 현재 가수이자 광고에 나오는 목소리 모델이다. 그는 전직 광고 디자이너였으나 현재는 새내기 소설가다. 카티아와 에두와르 커플의 이야기다. 원래 그들의 주방을 찾은 날은 카티아의 친구인 에밀리를 방문하기로 한 날이었다. 급한 사정이 생겨 촬영하기 어려워진 에밀리가 자신보다 더 멋진 주방을 가졌다는 이들과의 미팅을 주선해 준 것이다. 내 눈으로 검증하지 않은 장소라는 불안감에도 불구하고 방문을 결정한 이유는 그들이 파리에서 텃밭을 가꾸고 일광욕을 누리는 사치스러운(?) 로망을 실현했다는 말을 들었기 때문이다. 천장부터 바닥까지 통째로 바꿨다는 일 년간의 공사. 크지 않은 공간을 여섯 개의 다른 높이로 구분해야 했던 속사정, 그리고 한 뼘만한 텃밭과 예쁜 정원을 꾸미기 위해 조경 전문가에게 의뢰했다는 그들의 이야기가 궁금해졌다. 다행히 남다른 사연 속에는 그들의 주방도 있었다.

집은 민박 호텔 경영의 꿈을 위한 연습장

집에 들어서자 곧 아담한 정원이 아래에 펼쳐졌다. 조심스레 집 내부를 살펴보면 지구의 중심이 발 밑에서 시작되는 기분이다. 여섯 층으로 나뉜 로프트는 주인들의 프로필만큼이나 다이내믹하다. 현관이 2층에 있는 집을 꿈꿔온 내게 발 아래에서 펼쳐지는 풍경은 비현실적으로 다가왔다. 주방이 거침없이 자유로운 이 공간의 주인공이라는 건 누가 보아도 명백한 사실이었다. 놀랍게도 이 장소를 차지한 사람은 아내가 아닌 남편. 사랑하는 아내를 보조 요리사로 둔 아마추어 셰프는 그녀를 위해 재래시장에서 장을 보고 1시간이 넘게 식사를 준비한다.

"머지않은 미래에 우리들의 호텔을 경영하는 게 꿈이에요. 별 5개짜리 호텔과는 거리가 먼, 오랜 친구 집처럼 편안하고 외가처럼 너그러운 지방색이 있는 민박 호텔 말이죠. 정원에선 아내가 지방 음악가들을 모아 공연을 하고 가끔은 셰프들을 초청해 투숙객들을 위한 요리 클래스도 할 겁니다. 지금 우리가 사는 모습은 그날을 위한 실습이나 마찬가지예요."

여섯 층으로 나눠진 카티아 부부의 로프트. 자유분방한 부부의 라이프 스타일에 꼭 맞게 실용성과 디자인 감각이 조화를 이룬 공간이다.

재활용 물건만 수거해 파는 단체 M.A.U.S.에서 산 테이블과 의자. 실제로 파리의 카페에서 쓰던 것이라 티타임 분위기를 제대로 즐길 수 있다.

특이한 구조에 반한 정원 있는 집

처음부터 평범한 선택이 아니었다. 흔한 구조는 싫고 거기에 테라스까지 갖춘 집이 그들의 목표였으니까.

"테라스가 있는 아파트에 살다 보니 이사 갈 집도 자연히 그런 곳을 찾게 되더군요. 이 집은 건물 관리인이 천장이 높은 작업실을 만들어 두고 살았어요. 공사를 예상은 했지만 솔직히 겪어야 할 모험이 상당했답니다."

50년 이상 된 파리의 건물들은 입구를 거쳐 뒷문 쪽으로 다른 건물이 또 있는 경우가 많다. 거주지 수량을 확보하려는 정책 때문이었지만 햇빛이 잘 들지 않고 이웃집 창문이 코앞에 닿는 곳이 대부분이다. 그래서 이런 막힌 구조는 주로 아틀리에로 쓰는데 카티아의 말을 들으니 이 집도 그 중 하나였다. 그들이 찾던 특이한 구조와 테라스와 작은 정원까지 만들 가능성이 보였으니 부부가 흥분할 만도 했겠다. 이웃과 정원 경계선 협의를 거치고 나서도 집 매입까지 긴 시간이 걸렸다. 천장이 높아 새롭게 공간을 구성할 수 있겠다는 예상과 달리 현실적인 문제에 직면했다. 허가 면적을 최대한 알뜰히 이용하자면 1, 2층으로 간단히 해결하기 힘들었고 그건 두 사람도 원치 않았다. 결국 방 3개와 입구의 거실, 주방 그리고 서재로 쓰는 메자닌까지 높이가 모두 다른 6개의 공간을 구상하고서야 공사를 시작할 수 있었다. 남들은 매입부터 완공까지 1년 안에 마칠 과정에 3년 남짓 공을 들인 후에야 그들은 꿈에 그리던 집으로 이사를 할 수 있었다.

풍미가 뛰어나기로 유명한 에두와르의 고향에서 공수 받은 발사믹 식초를 보관통에 담아 쓴다.

텃밭과 정원으로 자연 친화적인 삶을 실천하다

언제부터인가 귀농이란 말이 자주 들려온다. 자연으로 돌아가 흙과 멀어지면서 잃어버린 인간성을 회복하려는 시도는 프랑스에서도 흔히 다루는 주제다. 카티아와 에두와르 부부는 운명처럼 그 시도를 실천하기로 했다.

"정원을 구상하면서 작은 텃밭을 가꿔보기로 했었죠. 우리의 꿈인 민박 호텔을 시작하면 채소는 자급자족할 계획이어서 연습도 할 겸 말이죠. 우선 방울토마토와 각종 허브부터 시작했어요. 여름이면 이 밭은 아주 풍요로워진답니다."

정원과 이어진 16.5m²(5평)의 텃밭과 인상파 화가의 그림에서 본 듯한 정원 창고가 눈길을 끌었다.

문득 한 잡지사의 청탁으로 프랑스 전문 조경사인 휴그 뾔베른Hugue Peuvergne 씨를 인터뷰했던 기억이 났다. 부부의 정원을 보니 장소에 상관없이 고객에게 꼭 맞는 조경 디자인으로 유명한 그가 떠올라 누가 디자인했는지를 물었더니 역시 그의 작품이란다. 한때 농사에 빠졌던 젊은 도시인이라도 시간이 지나면서 나태해지기 쉬운데, 겨울을 막 지나온 그들의 정원은 이미 새 봄을 맞을 준비가 끝나 있었다. 의뢰인과 충분한 대화를 나눠 친구가 된 다음에야 정원 설계를 시작한다는 남다른 철학을 가진 뾔베른 씨가 그들과 꾸준히 연락하며 정원 손질의 조언을 아끼지 않은 덕분이었다. 테라스 입구나 주방 곳곳에서 키우는 허브 화분들도 식단에 신경 쓰는 부부의 취향을 고려한 그의 팁이다.

"에두와르의 손이 닿은 화초들은 절대 죽지 않아요. 살아날 가능성이 없어 보이던 식물도 그가 며칠 돌보면 금세 생기를 되찾는답니다. 이제 곧 토마토도 열리겠죠?"

요리 준비로 바쁜 남편을 바라보는 카티아의 눈에 사랑이 가득하다. 끊임없이 가꾸고 손질하는 그들의 사랑과 닮은 이 작은 정원의 봄날이 기대된다.

1
2

1. M.A.U.S.에서 구입한 소형 가구. 형태가 제각각인 의자들은 진열대로 활용한다.
2. 유일하게 벽을 이용할 수 있는 뒷 공간에 주방 기구를 진열했다. 화려한 색감이 돋보이는 기구는 앞쪽으로 빼고 이곳에는 스테인리스 제품 위주로 모은 것이 눈에 띈다.

걸고, 매달고, 보여 주는 수납법으로 꾸미다

기존에 있던 아틀리에의 흔적을 살린 거친 느낌의 공간에 다채로운 컬러가 이색적으로 느껴졌다. 레몬색 믹서, 푸죠의 민트색 후추 핸드밀과 레드 스툴 등이 그 효과의 주인공이다. 통통 튀는 이 분위기는 신경을 써서 배치한 소품들과 천장 여기저기 매달린 허브를 숨기기 보다 드러내라는 인테리어 전문가의 조언과 일치했다.

"요리할 때 도움 주는 기계는 깊숙이 넣어 두면 잘 안쓰게 되잖아요. 그래서 되도록 걸었어요."
남들은 숨기기에 급급한 전선조차 천장을 따라 길을 만들어 고정시켰다. 두 사람 중 주방 가전제품에 열광하는 건 에두와르다. 제품의 색상이나 디자인에 반해 생일 선물 리스트를 작성할 정도라니 여자의 마음을 그만큼 잘 대변해 줄 남편은 아마 없을 거다.

"변호사 공부를 하던 딸이 별안간 인디 펑키 재즈가수가 된다고 하니 어느 부모가 환영했겠어요? 그때 남편이 정신적인 힘이 되어줬어요. 나이가 더 들면 인생에서 정말 하고 싶은 일을 영영 하지 못할 수도 있다고요."

에두와르는 아내의 노래를 작사한 훌륭한 조력자이기도 하다. 그녀의 입을 통해 나올 자신의 마음까지 상상하며 썼다니 한결 에로틱한 느낌이 들었다. 특별한 청혼을 하기 위해 카티아를 납치해 비행기에 태웠다는 에두와르. 그가 주방제품을 좋아하는 진짜 이유는 어쩌면 여자의 마음을 헤아리는 로맨티시즘에 있는지도 모를 일이다.

그들의 주방 꾸미기

식물은 훌륭한 장식 소품이다

로즈마리, 민트 등 서양 요리에 자주 사용하는 허브를 모아 키운 정원을 꾸미는 사례를 쉽게 찾아볼 수 있다. 하지만 허브를 즐기지 않는다면 주방에 다른 식물을 두어 생기를 불어넣는 것도 좋다. 크기가 작은 행운목이나 개운죽을 싱크대 위에 올려놓거나 천장이 높다면 트리안, 아이비 등 잎이 늘어지는 식물을 활용해 보자.

컬러로 공간에 리듬감을 준다

양념은 숨기는 것보다 잘 보이는 곳에 진열한다. 자주 쓰는 양념 용기는 강렬한 컬러로 골라 소품의 역할을 확실하게 해 보자. 이때 포인트가 될 도구들의 모양과 크기를 제각각 골라 보자. 블렌더, 후추 핸드밀, 의자, 냉장고 등 서로 전혀 연관성이 없는 오브제라도 포인트 색상만으로 다이내믹한 효과가 생긴다.

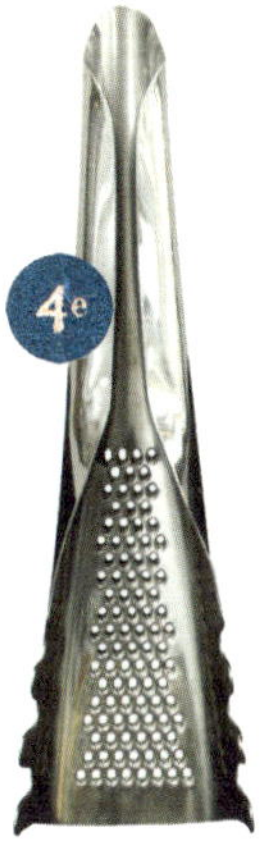

에두와르의 주방도구

1. 레몬을 많이 사용하는 서양 요리에 필수 도구. 레몬을 반으로 잘라 용기를 넣고 돌리면 레몬즙이 쉽게 짜진다.
2. 스테인리스 부분에 그려진 그림과 손잡이 디자인이 재미있는 피자 컷팅 도구.
3. 샐러드용 서빙 스푼 세트. 알레시 Alessi 디자인의 특유의 세련미가 돋보인다.
4. 친구에게 선물 받은 파스타 국자. 뒷면으로 파르메산 치즈를 갈 수 있어 실용적이다.
5. 샐러드 또는 파스타 서빙 스푼.
6. 프랑스 음식은 레시피에 따라 정확한 시간을 지켜야 한다. 꼭 필요한 주방용 알람 시계.
7. 마늘을 실리콘 용기에 넣고 몇 번 문지르면 껍질이 깨끗이 벗겨진다.

그의 레시피

이탈리아의 대표 요리인 파스타는 레시피가 간단하고 다양하게 변형할 수 있어 프랑스 사람들도 즐긴다. 일주일에 세 번 서는 재래시장에서 구입한 유기농 재료로 만든 에두와르의 파스타는 감칠맛이 으뜸이었다. 그는 인도로 신혼 여행을 다녀온 뒤부터 아시아 재료를 활용한 채식 요리에 관심을 갖게 되었다. 능숙한 프랑스 전통 요리 솜씨에 베트남, 일본, 한국 음식점으로 미식여행을 다니며 기른 입맛과 센스를 더해 새로운 퓨전 요리를 완성하게 됐다. 참소라쟁이 같은 귀한 식재료를 활용하는 것만 봐도 그의 감각을 엿볼 수 있다. 채소를 조리할 때 굴소스를 넣으면 한결 맛이 풍부해진다고 귀띔하는 이 남자, 먼 훗날 그가 경영할 민박 호텔의 손님들이 벌써 부러웠다.

참소라쟁이 소스 파스타

재료 4인분

페투치네 240g, 양송이버섯 250~300g, 참소라쟁이 100g (생략 가능)
양파 1개, 노랑 파프리카 · 빨강 파프리카 1/2개씩, 마늘 1~2톨
올리브 오일 7~8큰술, 강황가루(또는 카레가루) 3~5작은술, 버터 10g
굵은 소금 1작은술, 소금 · 후춧가루 약간씩

이렇게 만드세요

1 손질한 참소라쟁이와 마늘, 올리브 오일 5큰술을 믹서에 넣고 곱게 간 뒤 소금으로 간한다.

2 달군 팬에 올리브 오일을 두르고 채 썬 양파를 살짝 볶는다.

3 ②에 슬라이스한 양송이버섯과 강황가루를 넣고 볶다가 소금과 후춧가루로 간한다.

4 올리브 오일을 두른 팬에 채 썬 파프리카를 넣어 살짝 볶는다.

5 ①, ③, ④를 큰 팬에 모두 담고 약불에서 10분간 익힌다.

6 소스를 준비하는 동안 끓는 물에 굵은 소금을 넣고 페투치니를 알단테로 삶는다. 체에 밭쳐 눌어붙지 않도록 버터를 넣어 버무린다.

7 ⑥을 그릇에 담고 ⑤의 소스를 끼얹는다.

TIP 페투치네 대신 링귀니 등 다른 면을 사용해도 좋다.

PART 3. 앤티크 주방

옛 것을 보관하는 프랑스인들의 습관은 상상을 초월한다. 물건을 버리거나 처분하는 일에 도무지 인색해 일반 가정에서도 50년 넘은 유물을 찾아내는 일이 어렵지 않다.

프랑스에서는 유행이 지난 앤티크 물건을 적극 활용하는 움직임이 활발해지고 있다. 여기서 말하는 '앤티크'는 낡아 보이도록 연출한 '빈티지' 스타일이 아니라 '진짜 낡은 물건'이다. 시간의 흔적이 담긴 골동품의 매력에 빠지면 마니아가 된다. 저마다의 사연이 깃든 유니크한 멋이 있어 원하는 물건을 얻는데 걸리는 시간을 견디면서도 수집하는 사람들이 많다.

이 파트에 소개하는 세 곳의 앤티크 주방 주인들은 오래 걸려 얻은 아이템일수록 그 기쁨은 두 배가 된다고 입을 모은다. 컬러와 반전을 이용한 인테리어 감각을 볼 수 있다.

01

소녀의 감성과
여인의 향기를 녹인
로맨틱 주방

샹탈 토마스 Chantal Thomass

란제리 디자이너
모르타뉴 오 페르슈Mortagne au Perche, 약 250m² 주택

사진 Nicola Gleichauf

란제리의 여왕, 디자이너 샹탈 토마스의 저택을 방문하는 감회는 남달랐다. 란제리를 너무 좋아한 나머지 급기야 고급 수입 란제리 매장을 열었던 엄마 덕분에 나는 일반 명품보다 명품 란제리 브랜드를 더 잘 알고 있었다. 소녀 시절, 관능적이며 아름다웠던 샹탈 토마스의 란제리를 처음 봤을 때의 기억이 지금도 뚜렷하다. 그 샹탈 토마스를 만나게 되다니…. 바쁜 패션계의 생리를 아는 터라 취재를 의뢰하고 별로 기대하지 않던 차에 그녀를, 그녀의 주방을 만나는 행운이 따랐다. 샹탈은 새로 단장한 노르망디의 시골집을 소개했다. 그렇지 않아도 여왕이 꾸민 주방을 상상하느라 가슴이 뛰었는데, 교통이 불편하다며 역으로 남편을 보내겠다는 그녀의 호의에 내 이성은 마비되는 것 같았다.

드디어 촬영 날, 마중을 나온 그녀의 남편과 시골 길을 30여 분 달려 샹탈 토마스의 공간에 도착했다. 그녀가 50년 가까이 쌓아 온 브랜드의 정신을 옮겨 담은 곳, 데커레이션에만 2년이 걸렸다는 우아한 고택이 거기에 있었다.

샹탈의 란제리를 닮아가는 5백년 된 저택의 변신

샹탈 토마스가 가족의 새 보금자리로 삼은 저택은 16세기에 지어 20세기 초까지 프리즈비테르✪로 사용하다가 개조한 곳이다. 프랑스인들이 종이 하나도 쉽게 버리지 못하는 보존의 달인들이라지만 무려 5백년이 넘은 건축물을 개인이 개조해 산다는 사실이 놀라울 따름이다.

"사실 무모한 모험이었지요. 이 건물을 구입한 나조차도 답을 찾지 못할 정도로 최악의 상태였어요. 사람이 살 만한 곳이 아니었으니까요. 그런데도 양면성을 가진 건물의 위치에 반해 선택했죠. 건물 앞은 도시를 방불케 할 정도로 번화한데 반해, 정원이 있는 뒤쪽은 자연 풍광이 아늑하게 펼쳐지는 시골이니까요."

건물을 사고 '사람이 살 수 있도록' 개조 공사를 진행하는 동안 인테리어 콘셉트가 정해졌다. 입구부터 샹탈이 란제리 디자인에 늘 애용하는 핑크, 블랙, 그레이 톤의 로맨틱한 3가지 컬러가 번져나가는 집. 그녀의 말을 빌리면 '여성의 몸을 가장 돋보이게 하는 색'을 집 내부에도 깔기로 한 것이다. 오랜 세월의 흔적을 간직한 베이지색 돌 벽과 그레이를 기본으로 하고, 블랙을 포인트 컬러로 결정했다. 샹탈의 공간에 존재하는 이 컬러들이 그녀의 란제리를 닮은 건 우연이 아니었다. 그녀는 이 집을 여성의 몸으로 여기며 데커레이션을 했으니까….

✪ 프리즈비테르 Presbytere | 카톨릭 사제들의 거주지.

블랙 안에서 도발하는 그녀의 컬러, 핑크

그레이 컬러를 기본색으로 정한 샹탈에게 공사 도중 벽에서 드러난 베이지색 돌은 예상치 못한 변수였다. 하지만 노르망디 지방에서만 생산되는 석재는 샹탈의 영감을 자극했고 결국 주방 바닥의 타일도 똑같은 것을 깔기로 결정했다. 넓은 공간을 채울 기본 컬러를 베이지색으로 바꾸면 공간에 대한 상상력이 더 높아질 것 같았단다. 원래 계획대로 그레이 컬러를 입힌 진열장은 그 뒤에 설치했다. 주방 공간의 중심을 잡아 주는 진열장은 샹탈이 파리의 한 앤티크 매장에서 서재용 가구를 구입한 것. 갈색 서랍장 두 개를 전문가에게 맡겨 주방에 맞도록 리폼했다는 사실이 믿기지 않을 정도로 자연스럽다.

하지만 무엇보다 샹탈의 디자이너 특유의 감각이 잘 드러난 건 블랙과 핑크 컬러의 사용 비율이다. 핑크 계열은 그 자체가 화려하기 때문에 무채색과 매치하면 그 컬러의 효과가 극대화된다. 핑크에 블랙을 매치하면 블랙이 더 섹시해지고, 화이트는 더 순수해진다. 물론 지나치게 사용할 경우 어떤 것도 돋보이지 않고 묻히는 부작용이 있다.

샹탈이 이를 모를 리 없었다. 그녀가 핑크 컬러로 고른 주방 아이템은 스파게티 망, 수세미, 냅킨, 휴지통이 전부인 것만 봐도 그렇다. 재미있는 건 블랙 컬러와의 시너지 효과 덕에 이 물건들이 차지한 면적보다 훨씬 도드라져 보인다는 점이다. 블랙 역시 마찬가지다. 레드와 매치한 블랙이 지옥불처럼 뜨겁고, 화이트 옆에서는 불순하게 느껴진다면 핑크와 조화를 이룬 블랙은 패션디자이너 크리스티앙 라크르와 Christian Lacroix가 샹탈에게 했던 찬사처럼 '도발적이지만 얌전하고, 섹시하면서도 우아한' 색이다. 소녀의 순진함과 여인의 성숙미가 함께 섞인 로리타의 입술처럼….

앤티크 아이템으로 주방에 세월을 담다

저택 뒤 정원 너머로는 유채꽃밭이 한 폭의 풍경화처럼 펼쳐진다. 보수 공사를 마친 후에도 낡은 흔적을 고스란히 간직한 집의 외관과 인상파 화가의 그림을 연상케 하는 풍경은 사이 좋은 노부부처럼 잘 어울린다. 그녀가 200m²가 넘는 공간의 인테리어를 고풍스러운 아이템으로 꾸민 이유도 거기에 있었다.

"개조하느라 2년, 데커레이션에 다시 2년을 쏟아 가며 내가 만들고 싶었던 건 '세월'이었어요. 공간 연출에 도움이 되는 아이템을 주문 제작하거나 디자인 제품을 별도로 구입한 적도 있지만 대부분은 앤티크 물건이죠. 오랫동안 국내외로 출장 또는 여행을 다니며 우연히 발견한 물건부터, 작정하고 일부러 찾아다닌 제품까지 모아놓고 보니 애틋하지 않은 게 없어요."

빨리 번듯하게 인테리어를 마칠 마음이었다면 샹탈은 처음부터 이 집을 사지도 않았을 것이다. 이사하고 며칠 안에 정리가 끝나야 속이 후련한 사람에겐 집에 쏟은 시간 자체가 비현실적일테니까. 집 근처에서는 정기적으로 앤티크 시장, 다락방 벼룩시장 등이 정기적으로 선다. 시골이긴 해도 유적지가 남아 있고, 경제적으로 여유로운 사람들이 많은 지역이라 시장에 나오는 앤티크 제품들의 수준도 상당하다. 그리고 보면 앤티크란 샹탈처럼 성격이 느긋한 사람들의 전유물인지도 모르겠다.

2
1 3

1. 착시 효과를 내기 위해 설치한 손잡이. 프로방스 스타일 문고리와 열쇠에 손뜨개 오너먼트를 걸어 디테일을 살렸다.
2. 주문 제작한 목재 콘솔을 현관에 두었다. 여러 가지 소품을 진열하고 19세기의 로맨틱한 거울을 달아 스타일링을 마무리했다.
3. 가스레인지는 시스템 주방가구 엘란Elan 제품. 상탈이 공사장에서 구한 나무판 위에 화가인 그녀의 딸이 셰프를 그렸다.

화려한 주방에 사람 냄새가 진하게 배다

샹탈은 본식보다 디저트를 더 좋아하고, 요리하기보다 테이블 세팅에 더 자신 있는, 할머니란 호칭이 전혀 어울리지 않는 천상 여자였다. 매스컴을 통해 비춰진 차가움과는 달리 손님을 위해 브런치를 순수 준비하는 사람이었다.

"주방은 사용하지 않으면 아무 의미가 없어요. 내가 진심으로 '삶을 느끼는 곳'도 이 장소지요. 어린 시절 늘 사람들로 북적거렸던 할머니의 주방에 대한 기억 때문일 거예요."

동화 속 공주의 방이 이보다 더 로맨틱할 수 있을까? 작은 디테일 하나에서도 디자이너 샹탈의 화려한 감각이 여실히 드러나는 아름다운 주방. 문득, 처음 들어섰을 때의 도도함보다 편안함이 더 진하게 번져있는 걸 느꼈다. 아마도 처음부터 그녀가 주방이 가져야 하는 최고의 덕목으로 사람 냄새를 염두에 두고 꾸몄기 때문일 것이다. 촬영이 길어지자 샹탈이 테이블 세팅을 시작했다. 군침 도는 프로방스 스타일 키슈와 샐러드, 쇼콜라를 맛볼 수 있었다. 휴가를 간 딸이 맡긴 두 손녀와 보모, 부부 내외가 식탁에 둘러앉고 그 자리에 나를 초대했다. 초여름의 바람처럼 상쾌한 브런치를 마치고 용기 내 에스프레소 한 잔을 더 청할 수 있었던 건 그곳만의 삶의 향기 덕분이었다.

1
2

1. 스테인리스 특유의 세련미가 돋보이는 스툴 세트는 디자이너 엘란 & 마크 Elan & Mark Falvai의 제품. 데인 홀리 닐슨 Dane Holger Nielsen의 핫핑크 컬러 쓰레기통은 하찮은 생활 용품도 데커레이션 아이템이 될 수 있음을 보여 준다.
2. 벼룩시장은 샹탈에게 영원한 아이디어 뱅크. 중세풍 그림이 낭만적인 접시를 벼룩시장에서 구한 문 2개에 붙여 색다르게 리폼했다.

그녀의 주방 꾸미기

컬러는 뉘앙스를 구분해서 사용한다

인테리어에 색을 사용할 때는 한 가지 색을 남발하지 않도록 주의한다. 공간 속에서 컬러를 자유롭게 표현하려면 '어디에' 보다 '어떻게' 활용하느냐가 중요하다. 예를 들어 기본 핑크와 포인트로 쓸 핑크 컬러를 나눠서 생각해 보자. 복도나 파우더 룸의 벽처럼 넓은 면적에는 은은한 로즈 컬러를, 포인트 아이템에는 강렬한 핫 핑크 컬러를 활용한다. 이때 두 가지 핑크는 한 공간에 대립적으로 배치하기보다 다른 공간에 독립적으로 사용하는 것이 좋다.

나만의 재치있는 모티프를 찾는다

주방과 연관된 모티프나 일러스트를 잘 활용하면 예술 작품 못지않게 멋진 분위기를 연출할 수 있다. 커트러리 모티프를 크게 프린트해 액자로 걸면 주방에서의 존재감이 뚜렷하다. 문양이 화려한 접시의 모티프는 부분만 따서 인쇄하거나 다양한 파스타 종류를 그려도 좋다. 작품 크기는 시공할 주방 면적에 따라 결정한다.

가구를 파티션 또는 가벽으로 활용한다

주방과 거실이 오픈된 구조라면 가구가 훌륭한 파티션이 된다. 앞, 뒤가 모두 뚫린 진열장을 중간에 배치해 보자. 면적이 넓은 공간에서는 경계를 만들어 주는 한편, 벽보다는 외부와 소통이 되어 덜 답답하다. 그릇과 아기자기한 소품들을 진열하면 디스플레이어 효과까지 얻을 수 있다.

02

1백년 된
앤티크 주방의
화려한 부활

리아나 야로슬라브스키 Liana Yaroslavsky

조형 디자이너
뮤동Meudon, 약 250㎡ 주택
www.lianayar.com

하필 리아나의 집을 방문하기로 한 날 오후는 영하 10도 아래로 내려가는 혹독한 날씨가 이어지고 있었다. 그녀의 집에 들어서는 순간 실제보다 더 따뜻하게 느껴지는 체감 온도에 두꺼운 스웨터를 벗고 다이닝 룸으로 향했다. 창가에 다가서니 파리의 풍경이 한눈에 들어왔다. 정원에 쌓인 눈만 아니라면 민소매 차림을 하고 싶을 정도로 바깥은 따뜻해 보였다. 주방을 둘러보다가 그제야 여주인과 눈이 마주쳤다. 전직 모델이었나 싶을 만큼 큰 키에 멋진 몸매를 가진 리아나는 독립한 두 아들의 엄마라는 사실을 믿을 수 없을 정도로 아름다웠다. 그녀는 이 책에 참여한 사람들 중 유일하게 요리하는 것을 거절했다. 하지만 러시아 발음이 섞인 매혹적인 목소리만큼이나 우아한 그녀의 주방 앞에서 그 정도는 아무 문제가 되지 않았다.

쉰다섯 번째 만에 만난 운명의 집

파리에서 베르사이유Versailles를 잇는 C선 국철의 정거장을 눈여겨본 사람이라면 뮤동Meudon이란 도시를 기억할지 모르겠다. 유학 초기에 나도 살았던 이 도시는 지대가 높아 3층 건물에서도 파리 시내가 한눈에 보인다. 지형 때문에 입체적인 정원이 딸린 주택이 많고 생활 수준이 높아 지식인들의 도시로 유명하다. 9년 전 파리를 떠나기로 한 리아나가 이사를 결심한 도시가 바로 이 뮤동이었다.

"전망 좋기로 유명한 도시잖아요. 정원 아래로 보이는 경관에 먼저 마음을 빼앗겼죠. 너무 낡아 고민스럽긴 했지만 자세히 보니 경사진 뒷 정원, 로맨틱하게 그늘지는 앞 정원의 나무, 침실 쪽으로 나있는 전면창 등 잠재된 가능성이 많더라고요."

살 집을 찾기 위해 발품을 팔며 다니다가 쉰다섯 번째로 구경 온 집을 선택한 리아나. 쉰여섯 번째 집을 보지 않아서 후회는 없냐고 그녀에게 물으니, 당연히 그 뒤로도 봤다며 소녀처럼 깔깔거린다. 그 웃음이 이미 쉰다섯 번째 집에 큐피트의 화살을 쏜 그녀의 마음을 말하고 있었다.

1백년 넘은 집에 생명을 불어넣다

무너져 가는 집의 기초 공사를 마치는 데만 8개월이 걸렸다. 그녀가 가구는 물론 수도꼭지, 난방 기구 다이얼 하나에 이르는 모든 것을 앤티크 시장에서 직접 공수해서 현재의 인테리어를 완성한 건 그 뒤로도 1년 6개월이 더 흐른 뒤였다. 질투가 날 정도로 로맨틱한 1층은 프랑스인들이 가장 선호하는 서향 집의 축복을 받은 정원 뒤쪽 거실과 동향의 주방으로 크게 나뉜다. 다이닝 룸이 연결된 지금의 넓은 공간은 예전에는 거실을 포함한 4개의 작은 방으로 쓰였다고.

"불필요한 벽은 모두 헐었어요. 크고 시원하게 트인 주방을 갖고 싶었거든요."

프랑스인이라면 절대로 해체하지 않을 낡은 참나무 바닥은 그녀 역시 그대로 살리기로 했다. 1세기가 지난 건물을 다듬어 현재의 고풍스러운 집으로 살리는 안목 덕분에 집은 지방의 작은 성을 방불케 하는 품격을 갖추게 되었다.

조형 디자이너인 그녀가 자주 다루는 소재는 '유리'. 하지만 이전에는 세라믹의 연약한 매력에 끌렸었다. 세라믹 자기 세트는 러시아, 미국, 유럽 곳곳의 앤티크 매장에서 수집한 것이다.

타고난 안목과 취향을 가진 러시아 출신 디자이너의 집

만약 17세기의 귀부인이 부활해 21세기의 집을 꾸몄다면 꼭 리아나의 집과 같을 것만 같다. 로맨틱한 내부를 둘러보다 보니 완공된 지 1백년이라는 시간에 걸맞게 집을 꾸민 여주인의 안목이 궁금해졌다. 답은 그녀의 화려한 배경에 있었다. 유리 세공 아티스트인 리아나 야로슬라브스키는 러시아 레닌그라드 출신이다. 피아노 연주 실력이 뛰어나셨던 할아버지, 그 곁에서 수채화를 그리던 할머니, 그리고 미술 전문 서적 출판사의 사장이었던 아버지를 둔 리아나는 공산 정권 아래 호화로운 어린 시절을 보낸 행운아였다. 예술에 관해 보고 듣고 배운 그녀가 미술에 관심을 가진 건 자연스러운 일이었을 것이다. 세계의 재원들이 거쳐 간다는 뉴욕의 파슨스 디자인 스쿨을 졸업한 그녀는, 천재 그래픽 디자이너 폴 데이비스 스튜디오의 일원으로 발탁되기도 했다. 그곳에서 만난 프랑스인 전 남편과 사랑에 빠진 건 계획에 없던 일이지만 파리로의 입성은 그렇게 이루어졌다.

파리는 뉴욕에서 펼치지 못한 리아나의 커리어에 불을 지폈다. 그랑 팔레, 파리 아르데코 국립대학, 프랑스 문화부, 파리 룩셈부르크 미술관 등을 거친 찬란한 그녀의 이력은 현재의 조형 디자이너 리아나 야로슬라브스키를 존재하게 한 밑받침이 되었다.

1. 로맨틱한 디자인의 티세트는 주방을 한층 더 그윽하게 만들어 준다.
2. 유리 구슬 협탁, 조명, 거실 테이블 등 다루기 어려운 소재에 대한 그녀의 집념은 최대한 얇게 세공한 유리 작품으로 완성되었다. 섬세하고 깨지기 쉬워 더 아름다운 작품들을 통해 그녀는 고향 레닌그라드의 겨울을 그리고 있는지도 모른다.

요리하지 않는 집주인이 재해석한 앤티크 주방

눈길 가는 곳마다 개성 넘치는 앤티크 제품이 가득한 공간을 방문하는 일은 참 가슴 설렌다. 어디에서 그런 특이한 물건들을 구해 왔을까? 무게를 짐작하기 어려운 돌계단, 방앗간용 주물 분쇄 장치, 장인이 만든 테이블부터 범상치 않은 기운이 감도는 주물 환풍기 커버까지 참 다채롭다.

"출처가 정해져 있진 않아요. 매장에서 다른 물건들과 마구 섞여 있던 평범한 것도 내 집에 어떤 식으로 활용하느냐에 따라 가치가 달라지죠. 아연판으로 마감한 주방 작업대는 원래 20세기 초에 약국에서 쓰던 서랍장이에요. 너무 마음에 들어 그 이후에 장인에게 복제해 달라고 주문해 반대편 작업대로 쓰고 있죠."

그녀의 이야기를 듣다 보니 집안 곳곳의 물건들 저마다 거쳐온 세월의 중후함이 느껴진다. 참, 그녀는 요리를 하지 않는다고 했던가? 여기서 요리란 프랑스인들이 그토록 집착하는 정식 요리로, 리아나는 거창한 요리 대신 평범한 일상식으로 끼니를 때우는 정도에 만족한다. 그녀와 썩 어울리는 라이프 스타일이다. 주방은 일차적으로는 가족의 식사를 담당하지만 무언가를 만든다는 의미에서 보면 분명 창작의 공간이니까. 옛 가구를 새롭게 해석하고 1세기를 넘긴 공간을 부활시키는 일이야말로 그녀만의 요리법이 아닐까?

그녀의 주방 꾸미기

구입부터 반세기 뒤를 내다본다

프랑스의 힘이라고 할 수 있는 보존과 상속. 하지만 모든 오래된 가구가 보존할 가치를 지닌 것은 아니다. 순수한 소재일수록, 소재를 덜 해체해서 만든 제품일수록 생명력이 길다. 우리가 원목이라고 생각하는 대부분의 가구는 원목가루를 압축한 합판이다. 가구를 구입할 때는 구입 기준을 다시 세워 보자.

거꾸로 세운 가구가 더 멋질 때도 있다

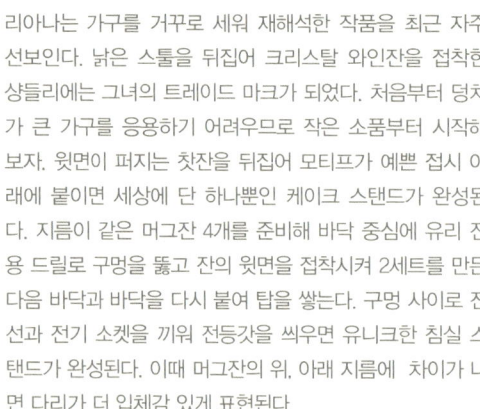

리아나는 가구를 거꾸로 세워 재해석한 작품을 최근 자주 선보인다. 낡은 스툴을 뒤집어 크리스탈 와인잔을 접착한 샹들리에는 그녀의 트레이드 마크가 되었다. 처음부터 덩치가 큰 가구를 응용하기 어려우므로 작은 소품부터 시작해 보자. 윗면이 퍼지는 찻잔을 뒤집어 모티프가 예쁜 접시 아래에 붙이면 세상에 단 하나뿐인 케이크 스탠드가 완성된다. 지름이 같은 머그잔 4개를 준비해 바닥 중심에 유리 전용 드릴로 구멍을 뚫고 잔의 윗면을 접착시켜 2세트를 만든 다음 바닥과 바닥을 다시 붙여 탑을 쌓는다. 구멍 사이로 전선과 전기 소켓을 끼워 전등갓을 씌우면 유니크한 침실 스탠드가 완성된다. 이때 머그잔의 위, 아래 지름에 차이가 나면 다리가 더 입체감 있게 표현된다.

리아나의 앤티크 소품

1. 벼룩시장에서 구한 냅킨 홀더.
2. 케이크 스탠드의 아랫부분. 리아나의 작품으로 밑부분에 더 신경을 써 스탠드로 쓰지 않을 때는 뒤집어 놓는다.
3. 4. 5. 독일 디자인 브랜드 쿤스트 케라믹 Kunst Keramik 제품. 주방에 걸어두어 언밸런스한 멋을 풍긴다.
6. 조약돌 모양의 양념통.
7. 리아나의 초창기 세라믹 작품. 같은 모양 4장을 모으면 가운데가 뚫린 큰 사각형이 된다. 작은 냄비를 올릴 때 낱개로 사용하기도 한다.

03
앤티크 매장을 재현한
빈티지 주방

델핀 파리엉트 Delphine Pariente

금속 디자이너
파리 10구, 85m² 아틀리에-로프트
www.delphinepariente.fr

델핀은 '델핀 파리엉트'라는 본인의 이름을 내건 금속 수공예 매장의 디자이너다. 여성스러운 델핀의 목소리와 웃음이 그대로 배인 이 매장은 파리의 콘셉트 부티크 '메르시Merci'에 전속으로 납품하는 그녀의 디자인 제품 외에도 유럽의 앤티크 시장에서 매입한 50~70년대 가구들을 구경하는 재미가 상당하다. 쇼룸에는 아르누보 스타일의 전등, 40년대 학교 의자와 교과서, 스칸디나비아 스타일의 가구들이 여느 집의 거실과 다를 바 없이 놓여 있다. 그녀는 페미니즘과 모던빈티지 스타일이 섞인 매장이 바로 본인 자체라고 말한다. 그렇기에 매장의 물건을 집에서 사용하다 지루해지면 다른 제품과 바꾸기도 한다고. 매장이 집과 얼마나 닮았길래 그럴 수 있다는 건지 알고 싶었다.

두 가족의 새 둥지가 된 사진 현상소

두 딸의 엄마인 델핀은 4년 전 남편 쟈과 그의 외아들과 함께 새 가정을 꾸렸다. 부부의 가장 중요한 숙제는 다섯 가족을 위한 교집합을 구하는 일이었다. 사진을 현상하는 아틀리에를 개조한 새 둥지는 두 사람의 아파트를 내놓고 오랜 물색 끝에 인연이 닿은 곳이다. 하지만 젊은이들이 뿜어내는 활기와 빈티지 아틀리에의 조화가 아름다운 10구역에 살게 되었다는 감격은 잠시뿐이었다. 20세기 초반에 지은 건물이라 벽과 바닥 상태가 엉망이었다. 건물을 지탱하는 원목 기둥 이외의 벽들을 철거했지만, 시청에 거주지 용도 변경 신청과 철거 폐기물을 신고하고 마무리하는 데만 3개월이 걸렸다. 어린 자녀가 있는 커플에게 쉽지 않은 결정이었겠으나 낡은 공간에 끌리는 주인들의 취향을 고려했을 때 이만한 곳도 없었을 듯 싶다.

다행히 남편이 파리 대학 중앙난방 설비 및 설치과 교수였다. 마르세이유에 사는 전기공 친구 부부까지 공사에 합세해 가벽 철거비를 제외한 비용을 절감할 수 있었다. 물론 감수해야 했던 불편함은 있었다. 7명이 한 달 반 동안, 2층의 방 2개에서 생활했으니 말이다.

"집을 사는데 지출이 커서 공사 비용은 최소화해야 했어요. 좁아도 북적거리는 집에서 공사 기간 내내 친구들과 즐거운 시간을 보냈어요."

일본의 건축가 안도 다다오$^{Ando\ Tadao}$는 청년 시절, 화장실을 주거 공간 밖으로 분리한 작품으로 건축계의 노벨상으로 꼽히는 프리츠커^{Pritzker}상을 수상한 바가 있다. '편안함에 길들여진 현대인의 나태함을 각성시킨 설계'였다는 평가를 받아 선정되었다. 안도 다다오의 지혜로움은 아니더라도 돈보다 값진 친구와의 관계를 위해 이 정도 불편함은 감수할만하지 않은가?

낡은 물건이 주인공이 된 공간

오랜 기다림 끝에 원하던 옛 물건을 차지하는 기쁨을 즐긴다는 그녀에게 3개월이란 시간은 너무 짧았을까? 도로에 접한 사무실 공간에서 안으로 들어오는 중간 복도의 타일이 꽤 귀해 보인다 했는데 아니나 다를까, 한 앤티크 매장에 쌓아둔 타일을 가져온 것이란다. 정확히 바닥에 얼마나 깔 수 있을지도 모르는 채 가져왔는데 깔아보니 양이 꼭 맞더라며 어제 일처럼 기뻐한다.

"공장에서 대량 생산되는 제품들은 지나치게 정형화되어 있어요. 우리 집에 있는 물건이 옆집에 있기도 하고요. 난 규격화에 거부감을 느껴요. 조상들이 사용하다 물려주는 물건들은 불규칙하지만 그들만의 이야기가 있어서 마음이 편하고요."

델핀이 주방 벽을 손보며 거친 나무 기둥의 일부를 일부러 노출시킨 이유도 거기에 있었다. 사무실과 거실가구 그리고 식탁까지 그녀가 가진 건 모두 누군가의 흔적이 담긴 물건들이다. 보통 사람들이라면 꺼릴 식기, 커트러리까지 벼룩시장에서 즐거운 마음으로 구해온 것들이다. 집에서 쓰다가 싫증나면 매장 물건과 교환한다는 말을 어떻게 이해해야 할까 했는데, 앤티크 가구 판매자이기 이전에 그녀가 바로 구입해 쓰는 사용자이기에 가능했나 보다.

돈 대신 시간과 인내심을 투자해 꾸민 집

사람들은 대게 전문 디자이너를 고용하지 않으면 스타일리시한 공간을 얻을 수 없다고 생각한다. 그런데 델핀의 공간을 찬찬히 구경하다 보면 입이 벌어질 만한 막대한 공사비도, 고가의 물건도 없는 게 더 놀랍다.

오히려 이곳은 비용보다는 원하는 물건이 나타날 때까지 기다린 인내심과 시간으로 꾸몄다. 몇 년간 수집한 카이저✪ 화병도 하나씩 보면 벼룩시장에서 흔쾌히 지갑을 열 정도의 가격이다. 주방의 주인공이라고 자랑스럽게 소개한 50년대 크리스털 플라워 전등은 2년 만에 손에 넣게 되었단다. 복도에 세트로 둔 연꽃 전등갓 3개도 마찬가지. 이사 전 벨기에의 벼룩시장을 돌아보다가 찾아낸 것으로 매장에 걸어둔 나머지 하나에 눈독 들이는 손님이 한둘이 아니란다. 하지만 디스플레이용이라 누가 어떤 가격을 제시해도 미소로 거절의 뜻을 대신한다니, 인내심을 가져야만 얻게 되는 만족감이 어떤 것인지 알 것 같았다.

✪ 카이저 Kayser | 독일 작센산 도자기를 말한다. 옻칠 없이 흰 유약으로만 마감하는 것이 특징이다.

검은 옻칠을 한 식탁과 70년대 교실에서 썼을 법한 의자가 스칸디나비아 스타일 가구와 잘 어울린다. 레드 컬러 페인트를 칠한 아시아풍 가구가 빛이 부족한 공간에 활기를 준다.

1. 마레 구역 초입에 단장한 앤티크 매장 '델핀 파리엉트'의 내부는 그녀의 집을 그대로 옮긴 것 같다. 레터링 장식이 돋보이는 이 매장에는 그녀가 디자인한 금속 목걸이도 함께 판매한다.
2. 몇 달 전에 앤티크 시장에서 구입한 난로. 강철 소재라고 것이 믿기지 않을 만큼 정교하다. 요즘 프랑스에서는 전기 절약의 목적으로 난로가 다시 주목받고 있는데 델핀은 올 겨울에 이 난로를 꼭 사용하겠단다.
3. 정교하게 만든 물고기 디자인 물병. 남다른 안목을 가진 델핀은 재치있는 소품을 골라 싱크대 한 켠에 두는 기지를 발휘했다.
4. 초등학생인 델핀의 딸이 어버이날에 쓴 카드가 눈에 띈다. 색종이를 오린 하트가 사랑스럽다.

1
2 3 4

어둡고 작은 공간일수록 조명을 적극 활용하다

원래 크기가 10m²에 불과한 델핀의 작은 주방은 다이닝 룸과 거실이 한 공간을 이룬다. 로프트에서 가장 큰 면적이지만 천장이 낮고 파티오를 통해 들어오는 빛이 평균에 미치지 못했다. 그마저도 블루 그레이 컬러의 벽에 흡수되고 마는 느낌이랄까. 화이트 컬러였다면 채광이나 공간이 넓어 보이는 효과가 훨씬 컸을 텐데, 델핀의 선택이 좀 의외다.

"거실엔 화이트 컬러가 모범 답안이라고 말하지만 내 생각은 좀 달랐어요. 억지로 착시 효과를 내기보다 내 취향을 담고 싶었거든요."

무엇보다 큰 창이 있는 2층 아이들 방에 햇빛이 충분히 들어오기 때문에 나머지 공간에는 채도를 한 톤 낮게 써도 괜찮을 거라고 생각했다. 블루 그레이는 분명 빛을 흡수하는 색상이지만 곳곳에 빈티지 거울과 조명을 설치해 단점을 커버했다. 천장등을 비롯해 벽등과 스탠드를 다양하게 설치해 공간을 밝히는 한편 장식 효과를 높였다. 환하고 산뜻한 멋은 없지만 따뜻하고 차분한 분위기가 주인의 성격을 닮은 것만은 확실해 보였다.

포인트 레터링으로 개성을 표현한 주방

델핀을 처음 만났을 때 '천상 여자구나!'란 생각을 했다. 그녀의 여성스러움은 부티크와 침실 곳곳에 걸린 달콤한 내용의 레터링 장식에서도 느껴졌다. 'Je t'aime(사랑해)', 'Oui, Je le veux (네, 원합니다)' 등의 레터링은 의미를 떠나서 그 자체로 훌륭한 데커레이션 도구가 된다. 델핀은 레터링을 본인의 금속 공예 디자인의 소재에서 매장 디스플레이로 확대시키는 아이디어를 발휘했다. 다행히 그녀의 주방은 수납 공간이 그리 클 이유가 없다.

1~2주일치 장을 한꺼번에 보는 보통의 도시 사람들과 달리 델핀은 매일매일 장을 본다. 대단한 요리를 하진 않지만 하루 한 번 식탁에 모이는 식구들에게 되도록 신선한 재료로 만든 음식을 내놓고 싶어서다. 언젠가 테이블 세팅을 마친 후 초를 준비하는 자신을 보며 놀라 온 딸아이의 친구가 '예쁜 엄마'라고 했다는 에피소드가 따뜻하게 들린다.

그녀의 주방 꾸미기

공간의 크기에 얽매이지 않는다

작은 공간을 커 보이게 하는 화이트 컬러가 모든 단점을 해결하지는 못한다. 어두운 컬러를 선택한 뒤 주변 가구나 가전 제품의 색상과 채도를 비슷하게 맞추면 통일감이 생긴다. 대신 공간이 좁으면 다양한 컬러보다는 한 가지 컬러를 기본으로 분위기를 변화시키는 것이 더 효과적이다.

조명은 분위기를 완성한다

조명은 어둠을 밝히기 위해 사용하는 것만은 아니다. 커다란 메인 조명 하나면 된다는 버리고 한 공간에 메인등, 벽등, 가구 아래 포인트등으로 나누어 설치한다. 스탠드도 책상용, 바닥용으로 얼마든지 변주할 수 있다. 장식과 분위기 연출을 좌우하는 마지막 디테일은 바로 조명이다.

레터링 자체가 장식품이다

레터링은 그 자체가 뛰어난 장식이다. 델핀이 주방 벽장에 붙인 식료품 가게라는 뜻의 빈티지 간판 'epicerie'와 중국 번호판은 멋진 레터링 장식의 사례다. 의미가 통하면 더 멋있지만 뜻을 모르는 외국 단어도 얼마든지 유니크한 장식 효과를 낼 수 있다. 요즘은 저렴한 가격에 원하는 글씨체로 제작해 주는 인터넷 사이트도 많으니 시도해 보자.

델핀의 앤티크 소품

1.2.3. 같은 디자인이 한 장도 없는 델핀의 접시. 벼룩시장에서 각각 구입했다.

4. 철제 바구니는 빵을 담거나 크리스마스트리 장식용 솔방울을 모아두는 용도로 사용한다.

5. 독일의 빌레로이앤보흐 Villeroy & Boch 의 아카풀코 시리즈. 절판된 지 오래 되었지만 팝아트풍의 컬러가 예뻐 유럽 벼룩시장 인기 아이템이다.

Paris Kitchen

그녀의 레시피

델핀은 컬러풀하고 맛이 다양한 파스타 요리를 즐긴다. 오징어 먹물을 넣은 검은색 면, 파프리카 가루를 섞은 빨간색 파스타, 시금치를 혼합한 초록색 푸실리는 물론 멕시코 전통 모자를 닮은 파스타까지 나오는 추세니 모양을 감상하는 것만으로 눈이 즐겁다. 오죽하면 각 모양에 따른 다른 요리법을 소개한 요리책이 나올 정도다. 파스타 종류마다 맛을 살리는 요리법이 따로 있지만 수많은 종류의 파스타 요리를 실패하지 않을 절대 공통분모는 바로 '토마토 소스' 다. 감칠맛 나는 토마토 소스에 컬러풀한 채소를 볶아 넣고 마지막에 파르메산 치즈가루를 뿌리면 훌륭한 요리가 완성된다. 델핀처럼 닭가슴살이나 훈제 베이컨을 함께 준비하면 훨씬 든든하다.

토마토 소스 파스타

재료 4인분

닭가슴살 · 푸실리 500g씩, 누에콩 한 줌, 빨강 · 초록 · 노랑 피망 1/2개씩
토마토 소스 300g, 완숙 토마토 200g, 코코넛 크림(또는 사워크림) 150g
올리브 오일 3큰술, 소금 2작은술, 양념(카레가루 1큰술, 고운 고춧가루
마늘가루 1작은술), 버터 · 바질 잎 적당량씩

 **이렇게 만드세요**

1 피망은 씨를 제거한 뒤 어슷 썰고 토마토는 최대한 작게 썬다.

2 소금 넣은 끓는 물에 잠두를 3분간 데쳐 건진다.

3 닭가슴살은 한입 크기로 어슷 썰고, 달군 팬에 올리브 오일을 두른 뒤 중불에서 앞뒤로 노릇하게 구워 덜어낸다.

4 ③의 팬에 올리브 오일을 두르고 피망, 토마토, 누에콩을 순서대로 넣어 볶는다.

5 재료들이 노릇해지면 약불로 줄여 토마토 소스를 붓고 10분간 조린다.

6 ⑤에 구운 닭가슴살을 넣고 코코넛 크림과 양념 재료를 모두 넣어 다시 10분간 조려 토마토 소스를 완성한다.

7 끓는 물에 소금을 넣고 푸실리를 8~10분간 삶은 다음 건져 버터를 넣고 버무린다.

8 그릇에 푸실리를 담고 ⑥의 토마토 소스를 끼얹은 다음 바질 잎으로 장식한다.

TIP 삶은 푸실리를 찬물에 헹궈 생 채소와 올리브 오일을 섞은 뒤 냉장 보관해 샐러드로 먹어도 맛있다

PART 4. 어반미니멀 주방

요리 꽤나 하는 사람이라면 누구나 완벽한 주방을 꿈꾼다. '고비용'이라는 한계에도 불구하고 요리하는 사람의 동선과 편의를 고려한 시스템 주방은 현대인의 라이프 스타일을 가장 잘 반영하고 있다. 인더스트리얼 주방은 차가운 느낌이 들지만 집주인의 취향이 깃든 조명과 주방 용품으로 꾸미면 완벽한 조화가 이뤄진다.

요즘 프랑스에서는 유명 셰프들의 요리와 담음새를 따라하는 리얼리티 TV 프로그램이 최고의 인기를 끌고 있다. 요리에 대한 관심에 힘입어 요리하는 공간을 업그레이드 하려는 시도가 늘어나는 것으로 해석된다.

이 파트에 엄선한 다섯 곳의 주방은 간결성과 세련미를 갖추었다. 주방 자체는 미니멀하지만 주변 아이템과 컬러의 조화에 초점을 맞춘 것이 특징이다.

01
원색으로 포인트를 준 미니멀리즘 주방

크리스텔 르 데엉 Christelle Le Déan

산업 디자이너
파리 18구, 약 100m² 메자닌 로프트
www.facebook.com/christelle.ledean

디자이너는 크리스텔 르 데엉을 제대로 표현하기에 한참 부족한 말이다. 원래 그녀는 최고의 인테리어 전문지인 엘르 데커레이션 Elle Decoration 에서 포토그래퍼로 활동하다가 그 경력을 바탕으로 인테리어 스타일리스트가 되었다. 트렌드에 민감한 잡지에서 커리어를 쌓다 보니 소위 인맥 부자가 되는 건 시간 문제였다. 평소 지인들의 데커레이션 작업에 관해 조언해 주다가 자연스럽게 디자인계에 발을 들인 그녀는 이제 내로라하는 매체의 섭외가 끊이지 않는 스타일리스트로서 인지도를 갖게 되었다.

나 역시 잡지에 소개된 그녀의 블루 컬러 주방을 보고 첫 눈에 반했다. 스카이 블루와 다크 그레이 컬러가 돋보이는 기사 속 주방은 왠지 어린 새 신부의 경쾌함이 느껴지는 듯했다. 아쉽게도 크리스텔이 이사를 해 촬영 계획은 무산되었지만 대신 새로 꾸민 주방에 대한 기대로 실망감을 다잡을 수 있었다. 이번 주방 콘셉트는 블랙이라는 그녀의 귀띔이 마치 블록버스터 영화의 스틸컷처럼 짜릿했기 때문이다.

그래픽적이냐의 여부가 인테리어 스타일링의 포인트

장르가 무엇이든 디자이너라면 시각적인 요소를 배제할 수는 없다. 그래픽적인가 아닌가에 대한 구분이야말로 디자인을 다른 예술 분야와 구분하는 잣대이기 때문이다. 그런 면에서 사진, 가구, 인테리어 스타일링 세 분야를 아우르는 작업을 하는 크리스텔이 그래픽이란 말에 집착하는 것은 당연하다. 오죽하면 책에 간단한 요리를 소개해 달라는 요청에 '음식이 그래픽적이냐'를 가장 신경 썼다고 대답하니 말이다.

"인테리어 사진을 찍다 보니 사물의 디테일이 모여 전체적인 강렬함을 만드는 그래픽적 느낌을 중요하게 생각하게 되었어요. 당연히 일상도 잡지 속 사진과 닮아가는 것 같고요. 제 눈에 그래픽적이지 않은 물건들은 평상시에는 눈에 띄지 않는 곳에 보관해요."

크리스텔의 결벽증은 그래픽적인 부분에서만 발동한다. 대부분의 사람들이 숨기기 급급한 쓰레기통이 화려한 레드 컬러를 입고 당당하게 서 있는 것만 봐도 알 수 있다. 이렇듯 기능만큼이나 시각적 효과가 중요하다는 그녀이건만 주방 컬러가 거의 블랙이란 점이 의아했다.

포르투갈 포르토 Porto에서 구입한 향초 시리즈. 포르투갈의 비누로 만든 고급 제품이다.

블랙 바탕에 원색의 아이템을 매치하다

크리스텔은 원색의 조화가 돋보이는 자신의 주방에 대해 말을 아꼈다. 굳이 설명을 하지 않아도 그 콘셉트가 자연스럽게 드러나기 때문이었다. 블랙이 바탕으로 깔려 실제로는 크게 느끼지 못하는 그래픽적인 부분은 사진을 통해서 극명하게 돋보인다.

"사람들은 옷을 고를 때와 달리 공간에 블랙이 섞이는 걸 두려워해요. 워낙 느낌이 강렬한 컬러라 확신 없이 사용했다가 공간을 망치기 쉬우니까요. 하지만 신중하게 쓰면 블랙보다 다른 컬러를 돋보이게 하는 색도 없답니다."

'확신을 갖고' 결정한 블랙 컬러 주방 가구는 뜻밖에도 이케아^{Ikea} 제품이다. 개조한 로프트를 위해 큰맘 먹고 맞췄다는 말과 고급스러움 때문에 고가의 제품일 거라고 믿었는데, 서민들도 가질 수 있는 브랜드라니 반가웠다. 대신 크리스텔은 모던한 블랙 컬러 속에서 빛을 발할 주방 아이템들은 오랫동안 고심해서 매치했다.

이탈리아산 대리석을 상판으로 올린 식탁은 한 출판 그룹의 요청을 받아 직접 디자인한 것으로 2012년 '파리 메종 & 오브제$^{Maison\ \&\ Object\ Paris}$' 박람회에 출품한 작품이다. 크리스텔은 단조롭기 쉬운 블랙과 화이트의 조합에 대한 원칙이 확고하다.

"블랙에도 뉘앙스가 있다는 걸 아세요? 식탁 상판을 지탱하는 다리는 다크 블루 그레이예요. 바닥재도 얼핏 보기엔 블랙이지만 실은 블루 블랙이고요."

공간의 기본이 되면서 다른 요소를 돋보이게 하는 블랙 컬러를 사용할 때는 이렇듯 조금씩 다른 색을 접목해 변주를 하는 것이 중요하다. 그 외 모든 아이템은 컬러풀한 색으로 매치했다. 퓨스 뒤 디자인 파리$^{Puces\ du\ Design\ Paris}$에서 찾아낸 레드 체어와 블루 암체어는 블랙과 잘 조화를 이루고, 머스터드 옐로로 커버링한 소파는 빨강, 노랑, 파랑의 균형을 잡아 주는데 일조했다. 하지만 지금의 극명한 블랙 & 화이트의 대조와 원색의 믹스매치 효과는 미니멀리즘 콘셉트가 확실할 때 그 효과를 발휘할 수 있다.

'이제는 공간을 가볍게 누리고 싶다는' 그녀의 말 속에는 한때 온갖 소품에 둘러싸여 살았던 때의 깨달음이 담겨 있었다. 컬러풀한 요소와 디테일로 최대의 효과를 보려면 무엇보다 자잘한 소품은 최대한 절제해야 한다는 뜻이다.

1. 그녀가 장 본 식재료들. 상큼한 셀러리와 신선한 키조개는 백화점에서 최상급으로 구했다.
2. 병풍 앞 조명은 일본의 조각가 이사무 노구치Isamou Noguchi의 작품. 2차 대전 이후 일본의 참상을 본 미국의 한 사업가가 그 지역의 장인들을 돕기 위해 한정 제작했다.
3. 딸 마리옹이 모처럼 식사 준비를 하는 엄마를 돕겠다고 나섰다. 21살의 마드모아젤임이 믿기지 않을 정도로 동안이다.
4. 주물 장인에게 직접 의뢰해 설치한 세련된 돌림 계단. 집에서 일하는 프랑수와의 사무실이다.
5. 점선 모티프 토르숑, 일본 원단, 손수건…. 크리스텔의 표현처럼 서랍에 정리된 천 조차도 그래픽이다.
6. 단순하지만 시각적으로 돋보이는 그릇들을 정리한 벽장. 도자기는 일본과 발리 여행 때 현지 장인의 제품을 구입한 것이다.

전세계의 문화를 담은 로프트

크리스텔은 현재 베트남 출신인 프랑수와 동거 중이다. 전 남편과의 사이에서 낳은 예쁜 딸 마리옹의 양육권과는 별개로, 중년의 소중한 삶을 위해 내린 선택이었다. 이사한 지 일 년이 지난 이 로프트에 깃든 동양적인 분위기는 문화가 다른 그들의 조화에서 비롯되었다. 여행을 좋아하는 커플은 브라질, 스페인, 스웨덴, 발리 등 각 나라에서 구입한 물건을 집 여기저기에 개성 있게 배치했다. 유니크해서 더 가치가 뛰어난 물건을 선호하는 크리스텔의 취향이 드러나는 대목이다. 그녀가 유달리 아끼는 일본 도자기와 그릇은 단아한 매력으로 미니멀리즘을 추구하는 이 주방과 잘 어울린다.

테이블 세팅에도, 요리에도 빠질 수 없는 그래픽적 요소

완벽주의자인 크리스텔은 집을 관리하는 것 또한 결벽증에 가깝다. 미팅 약속을 잡을 때 아직 설치하지 못한 커튼 때문에 승낙을 망설인다거나, 최대한 예쁘고 신선한 요리를 소개하기 위해 멀리 떨어진 백화점까지 다녀왔다는 이야기를 들었을 때 그녀의 그런 성향을 알 수 있었다.
"현장에 있던 사람과 사진만 본 사람이 정확히 같은 느낌을 가질 수는 없지만 사진은 현장에 있지 않은 사람이 상황을 가장 쉽게 상상하도록 돕는 도구예요. 사진을 통해 제 요리를 보는 독자들이 생생한 컬러와 느낌을 알 수 있도록 그래픽적인 요리를 선보이고 싶었어요."
하나를 구입하더라도 그래픽적인 효과가 뛰어난 것을 고른다'는 콘셉트를 정한 다음부터 불필요한 물건을 구입하지 않는다. 다른 물건들과의 조화를 고려해 사기 때문에 쓸모없거나 홀로 튀는 것이 없어서다. 결국 크리스텔이 말하는 그래픽적인 키워드란 자기 삶에 충실한 사람만이 깨닫게 되는 유니크한 스타일이 아닐까?

그녀의 주방 꾸미기

블랙은 뉘앙스로 극복한다

블랙 컬러는 모던하고 세련되었지만 무거운 느낌이 들어 실제로 인테리어에 응용하기 어렵다. 시크한 블랙을 활용하고 싶다면 뉘앙스를 조절하자. 크리스텔의 블랙 컬러 주방이 생각보다 무겁지 않은 이유는 블랙 주방 가구에 브라운 컬러가 섞여 있고, 바닥재는 마린 블루 컬러 빛이 은은하게 감돌아서다. 페인트 전문매장에서 컬러 팔레트를 보고 미세한 차이를 체크한 뒤 스타일링 하는 것이 중요하다.

페인트 색은 칠해보고 구입한다

색을 칠하기 전에 미리 테스트를 해보기를 권한다. 페인트 전문매장에서 칠할 색을 소량으로 구입한 다음 흰색 종이 위에 칠해 시공할 벽에 붙여 보자. 주로 인테리어 전문가들이 사용하는 방법으로 이 과정을 통해 페인트통 겉면의 컬러와의 차이를 알 수 있다. 동일한 컬러 계열도 수백 가지의 다른 느낌이 있을 뿐 아니라 햇빛에 노출되는 벽인지 아닌지 여부에 따라도 느낌이 달라진다는 사실을 기본적으로 알아 두자.

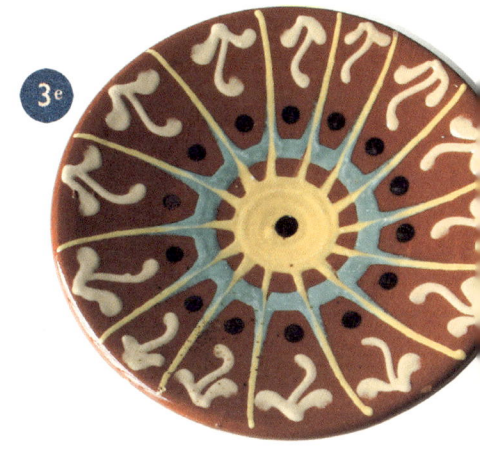

크리스텔의 오리엔탈 소품

1. 미국 그란빌Granville의 갤러리에서 구입한 세라믹 작품은 양념을 얹는 트레이로도 활용한다.
2. 스웨덴 디자이너가 만든 티 포트. 유약 색깔이 특이하고 예뻐 크리스텔이 아낀다.
3. 4. 5. 6. 남아메리카 여행 중에 만난 스페인 도공의 이국적인 작품에 반해 구입한 접시 시리즈. 사이즈가 아담해 디저트나 치즈 접시로 사용한다.
7 이집트 여행 때 구입한 것으로 그 지방의 도공이 빚은 작품이다.

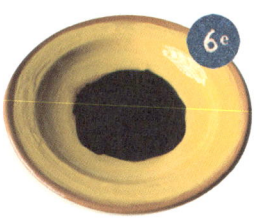

Paris Kitchen | 269

그녀의 레시피

 몇 년전 화창한 8월의 어느 날 시어머니께서 훈제 연어와 로케트샐러드를 섞은 파스타를 준비해주셨었다. 파스타를 차게 먹을 수 있다는 생각은 한 번도 해보지 못했던 나는 그날 이후, 콜드파스타를 즐겨 먹게 되었다. 크리스텔이 준비한 샐러드파스타도 준비 과정이 비슷하다. 그녀가 선보인 오징어 먹물을 첨가한 링귀니는 마치 그녀의 블랙 주방에서 튀어나온 듯 그래픽적인 대담함이 돋보였다. 빨간 통후추는 크리스텔이 즐겨 사용하는 재료로 시각적인 효과가 뛰어나면서 입 안에서 톡 터지는 향이 맵지 않고 이국적인 맛이 난다.

키조개살 샐러드파스타

재료 4~6인용

키조갯살 12~16개, 먹물 링귀니 250g
사워크림 100g, 라임(또는 레몬) 1~2개, 올리브 오일 3큰술
셀러리(연한 부분) 1줄기, 버터 10g, 파슬리 적당량
빨강 통후추 · 천일염 약간씩

이렇게 만드세요

1 키조개살은 흐르는 물에 살짝 씻어 물기를 뺀다.

2 달군 팬에 버터를 넣고 중불로 낮춰 키조갯살을 앞뒤로 노릇하게 구운 뒤 얇게 썬다.

3 냄비에 물 1ℓ를 붓고 천일염을 넣어 끓으면 먹물 링귀니를 알덴테로 삶아 건져 물기를 뺀다.

4 식지 않은 ③의 냄비에 사워크림과 올리브 오일을 넣어 섞은 뒤 먹물 링귀니를 넣고 고루 섞어 그릇에 담는다.

5 셀러리와 파슬리는 잎은 떼고 셀러리 줄기를 송송 썬다.

6 ④에 셀러리와 파슬리를 얹고 통후추와 천일염을 뿌린다. 키조개살을 얹은 뒤 슬라이스한 라임을 얹어 완성한다.

TIP 미지근하게 먹어도 좋지만 여름철에는 사워크림을 빼고 만들어 차가운 샐러드파스타로 먹어도 맛있다.

02
공간의 소통을 강조한
복도형 주방

안 게스퇴르퍼 Anne Geistdoerfer

인테리어 디자이너
파리 1구, 100m² 아파트(주방 14m²)
www.doubleg.fr

파리의 심장인 1구역은 문화, 예술, 쇼핑, 교통 그리고 낭만의 집합소다. 샤틀레와 레알 지구, 퐁피두센터, 노트르담은 물론 손을 뻗으면 닿는 거리에 센 강이 유유히 흐르고 있다. 식사 후 공원 산책을 나왔다가 갤러리를 둘러보는 게 이 구역 사람들의 라이프 스타일이라 해도 과언이 아니다.

인테리어 사무실 'Double G'의 대표이자 디자이너인 안 게스퇴르퍼도 이 모든 것을 누리고 사는 축복받은 파리지앵 중 한 명이다. 그녀는 2년 전 파리의 1세기 역사를 간직한 석조 건물의 3층을 아파트로 개조해 이사했다. 언젠가 인터넷으로 그녀의 아파트를 보고 4m 높이의 천장의 장점을 살린 주방을 탐냈던 기억이 떠올랐다. 우여곡절 끝에 그녀와 연락이 닿았을 때 안은 현재의 아파트로 이사한 지 1년이 넘었다고 했다. 베테랑 디자이너인 그녀의 안목을 믿었기 때문에 새 아파트의 주방을 촬영하기로 허락을 구했고, 이사한 곳이 예전과 같은 건물에서 층만 다른 3층이라는 걸 알게 되었다. 9살, 3살로 나이 터울이 있는 아이들에게 각자의 방을 만들어 주고, 부부 침실도 스위트룸처럼 넉넉했으면 하던 차에 마침 조건에 맞는 매물이 그 건물에 있었던 것. 같은 시기에 1층이 비면서 곧이어 사무실까지 이전할 기회를 잡은 안, 마치 어딘가에 그녀를 위한 각본이 존재했던 것이 아닐까?

아파트 속에 감춰진 로프트

이토록 축복을 받은 공간에 입주했으니 그저 그렇게 사는 건 집에 대한 예의가 아니었다. 파리의 한가운데 가장 멋진 보금자리를 꿈꿨던 그녀는 인테리어 디자이너답게 공간을 재해석했다.
"20세기 초에 지은 낡은 건물인데, 그동안 사무 공간으로 쓰였었대요. 주거 공간으로 개조하기 위해서는 백지 상태에서 시작해야 했어요."
삐걱대는 나무 바닥과 여러 개로 나뉜 작은 방들, 좁은 복도로 이루어진 사무실의 벽을 모조리 허물자 다이닝 룸을 겸한 거실로 쓸 수 있는 약 40m²의 면적이 확보되었다. 부지 면적당 가격이 높기로 유명한 파리 시내에 이 정도 크기의 공간을 거실로 가진다는 건 사치가 아닐 수 없다. 그러고 보니 이 아파트에는 화장실과 욕실을 제외한 모든 공간에 문틀은 존재하지만 문은 없다. 분명 아파트라고 생각했는데, 실상 로프트의 색깔이 더 짙게 묻어난 이유가 이 때문이다. 주방과 거실을 비롯한 나머지 공간들이 각각의 기능을 완수하면서도 하나의 공간 안에서 소통할 수 있는 장점을 가졌다.

1 2

1. 타일에 컵 모양 도자기가 부착된 아이디어 제품은 콘셉트 매장 메르시(Merci)에서 낱개로 구입한 것이다. 이 외에도 가위꽂이, 토르숑걸이, 고리 걸이용 다양한 타일이 있다.
2. 복도 끝에는 두 딸을 위한 미니 테이블을 마련했다. 어린이용 팬턴 체어와 50년대 학교 의자를 매치한 엉뚱함에서 작은 디테일도 놓치지 않으려는 디자이너의 직업병이 느껴진다.

복도형 주방을 중심으로 소통하는 공간을 구성하다

안의 아파트에 들어서면서 가장 반가웠던 건 현관에 신발을 벗고 집으로 들어가는 구조였다.
"졸업반이던 15년 전, 3개월간 해외 실습의 기회를 얻어 갔던 곳이 서울이었어요. 덕분에 한국의 문화와 친밀하고요."
뜻밖의 이야기에 반가움이 배가 되었다. 입구에서 신발을 벗도록 착안한 것도 동양 문화의 반증인 듯 싶다. 현관 입구에서 이어진 복도 중간부터 양 옆으로 평행선 구조의 주방이 위치한다. 긴 통로가 펼쳐지고 한쪽에 세 군데나 난 창으로 스며드는 햇빛은 꼭 고등학교의 복도를 연상시킨다. 주방과 거실 사이 양쪽 끝에 문틀만 남은 벽이 있어 마치 복도의 한 부분을 주방으로 개조한 듯하다.
"주방이 한 가정의 중심이란 점에서 출발했어요. 중심 기능이 충실히 작동하려면 나머지 모든 공간과의 소통이 원할히 하는 것이 가장 중요했습니다."
거실과의 사이에 단 하나의 가벽을 세우되, 공간을 차단하는 것이 아니라 주방의 기능을 최적화시키며 동선의 흐름을 자유롭게 만들기 위한 의도로 이해해도 좋겠다. 또한 이 가벽의 한 면은 주방의 수납 문제를 푸는 해결책이기도 하다. 결국 그녀의 복도형 주방은 기본 의무에 충실한 장소임은 물론, 두 딸이 술래잡기를 하고 그림을 그리며 최대한 부모와 시간을 함께 보낼 수 있는 공간으로 거듭났다.
그녀의 의도된 구상은 여기에서 끝나지 않는다. 문이 없어 시야가 넓어졌다는 장점과 공간이 서로 노출된다는 단점을 현명하게 처리하는 일이 중요했다. 그러기 위해 인테리어의 기본이 되는 벽은 화이트 컬러로, 바닥은 원목으로 통일시켰다. 심플한 벽과 사이즈가 큰 가구가 어수선해지기 쉬운 공간을 정돈시켜주었다. 아울러 벨기에산 흑참나무 바닥재의 묵직함은 공간에 안정감을 더한다. 주방 바닥만은 예외적으로 관리가 쉬운 콘크리트를 시공했다. 혹시 무거운 주방기구들이 떨어져 바닥에 심한 흠집이 날 경우를 대비한 실용적인 결정이었다.

무채색 벽과 바닥 위에 꾸민 소품 천국

패셔니스타들을 관찰하다 보면 그들이 단순히 옷만 잘 입는 것이 아님을 알 수 있다. 액세서리를 잘 매치하는 것이야말로 진정한 패셔니스타의 덕목이다. 그런 맥락에서 안의 다이닝 룸과 주방은 '디스플레이의 하모니'가 잘 반영된 스타일리시한 공간이다. 크게 보면 아티스트들의 작품부터 작게는 포인트가 되는 사소한 소품 하나까지 숨김없이 최대한 드러냈다.

"자주 먹는 시리얼이나 파스타를 병에 담아 보관했는데, 문득 병의 모양과 크기를 2~3가지로 통일하고 수집한 듯 많이 모으면 재미있겠다는 생각이 든 거죠."

무심하게 들리지만 그녀의 주방 정리법에는 분명 숨은 규칙이 있다. 실제로 안의 아파트는 주방뿐 아니라 거실, 아이 방까지 소품의 천국이다. 비실용적인 물건이 많이 노출되어 공간이 산만해질 가능성이 상당히 크다. 색상이 예쁜 빈 상자를 소품으로 인테리어에 활용하는 그녀는 무채색 벽과 바닥을 선택해 공간이 어지러워 보이지 않도록 조정했다.

미닫이 칠판 문은 주방의 어수선함을 차단하는 역할을 한다. 비비드한 컬러 소품이 오밀조밀 모여있는 주방이라 무채색으로 무게감을 주어 산만함을 줄였다. 미닫이문을 여닫을 때마다 선반 속 물건들이 살짝 보여 지루함도 덜하다.

인테리어의 기본인 대조와 여백의 공식

안의 주방에는 흑백의 조화 외에도 대조, 여백의 공식이 교묘히 숨어 있다. 철판 미닫이문의 강한 블랙 컬러를 맞은 편의 가로 작업대와 동일하게 적용해 대조 효과를 냈다. 남들은 무심코 지나칠 수 있는 조리대 벽면, 크레덩스에도 입체적인 디자인 타일을 시공해 지루함을 덜었다. 자주 사용하는 가위나 열쇠를 걸어두기 좋은 독특한 발상에 미소가 절로 지어진다. 디자인 타일은 개수가 많으면 역효과를 낳을 텐데 단 6장만으로 포인트를 잘 살렸다.

무엇보다 이 벽이 여백이 살아있으면서도 평면적이지 않은 이유는 상단 선반에 올린 액자 덕분이다. 액자의 크기가 모두 동일하지는 않지만 전반적으로 무채색과 원목을 기준으로 골라 신경을 안 쓴 듯 디테일을 살린 안의 계산이 아니었을까?

"주방은 실용성만 앞세우기 쉬운 공간이에요. 하지만 평소 머무는 시간이 많아 인테리어에도 취향을 담고 관리할 부분이 많은 공간이죠."

사실 늘 프로젝트 의뢰가 밀려 있는 안은 요리할 시간이 많지 않다. 하지만 아파트에서 그녀가 가장 좋아하는 공간은 분명 주방이다. 예고 없이 친구들이 찾아왔을 때 커피 한 잔 마시며 수다 떠는 곳은 식탁이 아닌 주방 복도이며, 딸아이의 식사를 살핀다는 핑계로 그녀가 앉는 곳도 주방 창가 아래 나지막한 식탁 주변이다. 주방을 하나의 완전한 공간으로 이해했기에 가능한 일이다.

주방과 벽으로 나눠진 다이닝 룸에는 소재가 돋보이는 가구가 많다. 다리 라인이 우아한 체리나무 의자는 노르만 처너 Norman Cherner, 트리플 펜던트 조명은 제르바소니 Gervasoni 제품이며 섬유판 소재에 스프레이를 뿌려 마감한 식탁은 안 작품이다.

그녀의 주방 꾸미기

칠판을 크게 제작해 주방 아이콘으로 삼는다

프랑스 브르타뉴산 아르두와즈 칠판은 빈티지하고 멋스럽다. 뿐만 아니라 안처럼 장보기 리스트를 붙이거나 아이들의 도화지로 이용하기에도 그만이다. 자석 페인트를 칠한 뒤 완전히 마르면 칠판 페인트를 덧칠해 보자. 자석을 붙이거나 분필로 메모를 할 수 있다.

통일된 액자를 반복 진열한다

주방 벽을 비우면 깔끔해 보이지만 잘못하면 방치된 느낌이 들 수 있다. 이럴 때는 최대한 심플한 액자를 같은 것으로 여러 개 준비해 벽에 걸거나 선반에 진열해 보자. 이 방법은 미니멀한 주방뿐 아니라 물건이 많은 장소에 응용해도 무리가 없다. 같은 액자를 반복했다는 자체만으로 시선을 정돈할 수 있다.

안의 주방 소품

1. 딸의 간식을 담아두는 철제 상자. 군것질이 버릇 되지 않도록 아이들 손이 닿지 않는 선반에 올려 두고 엄마가 하나씩 꺼내 준다.
2. 마스킹테이프는 프랑스에서도 선풍적인 데커레이션 아이템이 되었다. 식품 패키지를 개봉한 뒤 밀봉할 때 사용한다.
3. 스타워즈의 캐릭터를 캐리커쳐한 피규어. 부부의 마음에 쏙 들어 구입했다.
4. 프랑스 홍차 브랜드 마리아주 프레르(Mariage Freres)의 리미티드에디션 홍차 틴 케이스. 색깔이 화려해 선반에 올려 두어도 장식 역할을 충실히 한다.
5. 스칸디나비아 브랜드 마리메꼬의 케이크 스탠드.

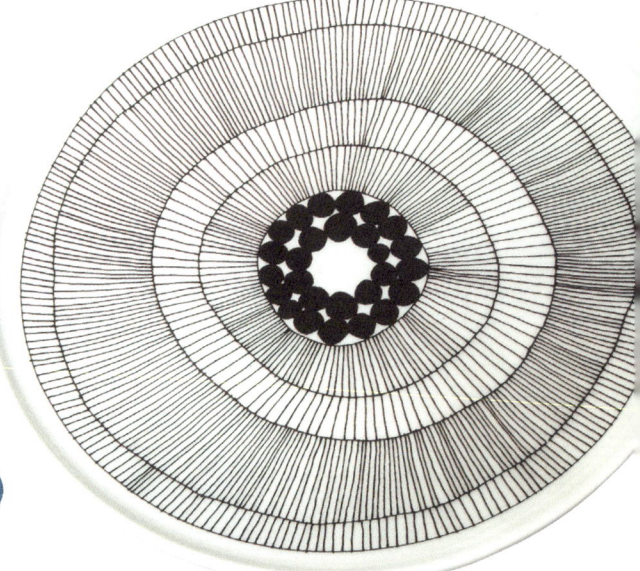

그녀의 레시피

짜게 먹는 타르트인 키슈 중에서도 가장 보편적인 것은 프랑스와 독일의 국경인 로렌 지방의 명물 '로렌키슈'다. 원래 이 요리에 돼지고기를 넣지 않았지만, 축산업이 발달한 지역의 특성상 점차 돼지고기를 조금씩 넣게 되었다. 기본 재료인 달걀, 우유, 치즈만 구비되면 누구라도 취향에 맞게 레시피를 조절할 수 있다. 프랑스에선 계절에 구분 없이, 전·본식에 구애 없이 간단하게 즐길 수 있어서 누구나가 좋아하는 레시피이기도 하다. 유제품 함유량이 많은 요리법이라 조금 느끼할 수 있는 부분은 새싹샐러드를 곁들이면 된다. 촬영 내내, 로렌키슈의 부드럽고 구수한 향이 진동을 했다. 안의 아버지가 로렌 지방 출신이라는 말을 듣고 재미있는 우연이라고 생각했다.

로렌키슈

재료 지름 28~30cm 타르트 틀 1개분

파이지(시판용) 1장, 삼겹살(또는 베이컨) 150g, 달걀 3개
양파(중간 크기) 1개, 그뤼에르 치즈(또는 모차렐라 치즈) 100g
사워크림 50g, 올리브 오일 1큰술, 소금·후춧가루 약간씩

이렇게 만드세요

1 삼겹살은 사방 1cm 크기로 썰어 달군 팬에 앞뒤로 굽는다. 키친타월에 올려 기름기를 제거한다.

2 ①의 팬에 채 썬 양파를 향이 날 정도로만 볶는다.

3 타르트 틀에 올리브 오일을 고루 바른 뒤 파이지를 깔고 180℃로 예열한 오븐에 8~9분간 굽는다.

4 볼에 달걀을 풀고 사워크림을 넣어 섞은 뒤 소금, 후춧가루로 간한다. 그뤼에르 치즈를 넣어 고루 섞는다.

5 ③의 파이지에 볶은 양파를 깔고 그 위에 삼겹살을 올린다.

6 ⑤에 ④의 달걀크림을 붓고, 200℃로 예열한 오븐에서 15분간 굽는다.

TIP 남은 키슈는 랩에 싸서 냉장 보관했다가 오븐에 10분간 다시 데우면 맛있게 먹을 수 있다.

03

화가의 작품과
인생관을 건
레드 컬러 주방

소피 스템퍼 Sophie Stampfer

화가
메종-알포르 Maisons-Alfort, 180m² 주택
www.sophie-stampfer.com

20세기 예술을 금빛 황홀경으로 수놓은 귀스타브 클림트의 몽환적 세계에 빠져 본 사람이라면 작품 포스터 한 장에도 남다른 영감을 느낄 것이다. 나 역시 그의 작품에 반해 그림을 그리겠다고 나섰으니까.

그러던 어느 여름날, 작품에서 클림트의 화풍이 연상되는 한 화가를 만났다. 파리의 비아둑 갤러리 Gallery de Viaduc에서 소개받은 소피 스템퍼의 작품 속 여성들은 마치 몽롱한 세계에서 막 깨어나 이야기를 속삭이려는 듯한 클림트의 뮤즈와 같은 표정을 짓고 있었다. 하지만 작품이 맘에 든다고 해서 아는 바가 없는 화가의 주방을 방문하는 일은 별개의 문제였다.

하지만 멋진 프랑스 가정집의 주방을 찾던 내 머리 속에는 붉은색의 향연이라고 소피의 주방을 칭찬한 갤러리스트의 말이 머리 속을 떠나지 않았다. 예술가들 특유의 까칠함을 잘 알고 있기에, 거절당할 각오를 하고 연락을 했는데 의외로 흔쾌한 답변을 받았다. 연말 분위기로 술렁이던 12월 말, 소피의 초대를 받아 파리의 남쪽 경계 도시인 메종-알포르를 찾았다. 무려 30m²에 달하는 커다란 주방은 그녀의 작품과 일체가 되어 화가의 또 다른 창조물처럼 빛나고 있었다.

존재감 없던 주방이 최고의 리셉션 공간으로 재탄생되다

소피의 주방은 요리를 즐기는 프랑스에서도 셰프들이나 꿈꿔봄 직할 정도로 넓다. 정원 테라스 쪽으로 전망이 탁 트인 주방은 그녀의 화풍처럼 레드 컬러로 이뤄져 있었다. 컬러를 과감하게 사용했어도 높은 천장이 레드 컬러를 중화시키는 역할을 해줘 부담스럽지 않았다.

11년 전, 소피 부부는 주방을 넓힌다는 생각으로 1세기의 역사를 갖고 있는 이 집을 매입했었다. 무엇보다 지인들과 함께 저녁 시간을 함께 보내는 부부의 라이프 스타일을 집에 반영할 수 있어 결정했다. 결국 여느 집에나 있는 평면 스크린 대신 주방이 중심이 되도록 거실 가구를 배치했고 이를 위해 공간 확장 공사를 결정했다.

"20세기 초 스타일로 지은 집이라 분리형 주방이 터무니없이 작았어요. 손님 초대를 좋아하는 우리 부부와 전혀 맞지 않았죠. 그땐 지금처럼 부동산 시세가 천정부지로 뛰기 직전이어서 확장 공사 비용을 감안해도 이 도시에 이만한 매물이 없을 거라는 판단이 들었어요."

현재 주방과 거실이 있는 공간을 확장 공사로 새롭게 확보했다. 6년간의 전체 보수, 부분 개조 공사를 마치고 지금의 스타일리시한 모습을 갖추기까지 다시 4년이 걸렸다. 서둘러 완성시키고 싶은 마음에 질 낮은 소재의 가구로 땜질하듯 공간을 꾸미는 건 그녀 스스로 용납할 수 없어서였다. 그래서 예술가는 가난하다는 선입견을 가진 사람들이 화려하고 넓은 주방을 보고 시기해도 소피는 소심하게 상처받지 않는다. 돈보다 시간과 정성을 들여 꾸민 주방이기에 남들의 이목은 상관하지 않아도 되는 리셉션 공간으로 거듭날 수 있는 게 아닐까?

주방 맞은편의 거실 벽은 전체 공간에서 유일하게 비워둔 곳이라 소피가 특별히 신경을 썼다. 본인의 작품인 '제대로 알기 Apprendre a connaitre' 아래 조형예술가 도미니크 레니에Dominique Regnier의 석조 작품을 매치했다.

화가의 정체성을 기른 공간

소피가 말했듯 이 주방은 갤러리스트나 지인들을 초대했을 때 무엇보다 작품이 자연스럽게 어필될 수 있도록 꾸민 곳이다. 14조각이 하나의 작품을 이루는 '인생의 턱뼈 Les machoires de la vie'와 거실벽에 건 '제대로 알기 Apprendre a connaitre'는 처음부터 벽에 걸 생각으로 완성했다. 먼저 작품을 걸 위치를 정한 뒤 시스템 주방가구 업체에 의뢰했다. 물과 기름때가 묻기 쉬워 흔히 주방에 예술 작품을 두지 않지만 소피는 작품에 니스를 3번 칠해 위험 요소를 방지했다.

"내 작품을 클림트나 아르데코 아티스트 무샤 Mucha 에 비교하는 사람들이 많아요. 아마 그들의 작품이 뿜어내는 아름다움이 공감을 불러 일으키기 때문일 거예요. 난 근본적으로 인간은 미를 추구하는 욕구를 가졌다고 생각해요. 화가란 마음에서 일어나는 감정을 캔버스에 형상화할 줄 아는 사람이고요. 내 그림이 신비롭다고 느꼈다면 이미 내가 표현하고 싶은 꿈 속으로 들어와 있다는 뜻이겠죠."

예술품으로 시작해 인간의 꿈으로 마감한 공간이라니, 그녀의 주방만큼은 요리나 가족의 가치를 떠나 자신의 인생관을 통째로 건 개인 갤러리라는 표현이 맞지 않을까?

여백의 미를 이해한 서양화가

문득 동양화와 서양화의 가장 큰 차이가 '여백의 미'라고 배웠던 학창 시절이 떠올랐다. 이 차이점을 공간에 적용하면 여백을 어느 정도 효과 있게 남기는가다. 온통 강렬한 컬러로 마무리한 소피의 주방은 여백을 훌륭하게 구현했다. 가구와 작품 외에는 다른 색감을 극단적으로 제한하고 팔레트처럼 많은 컬러가 들어간 작품 사이에 간격을 주어 화폭 안에서는 느낄 수 없었던 여백을 만들었다. 동양화를 그리지 않았지만 '여백의 미'를 이해하고 반영한 화가의 타고난 감각이 아닐까 싶다.

레드 홀리커, 인생을 뜨겁게 사는 반증

"빨강은 피 색깔이에요. 피는 생명을 상징하죠. 내 그림과 공간에 빨간색이 늘 존재하는 이유는 언젠가부터 생명력에 대한 끌림을 드러내는 거랍니다. 피가 곧 삶이고, 주방이 한 가정의 심장이라는 내 생각과 일치하는 색인 거죠."

빨간색이 식욕을 돋운다는 건 심리학자들의 연구로도 입증된 바 있다. 소피 역시 삶이 약동하며 살아 숨을 쉬는 주방, 그리고 그 공간에서 좋은 사람과 즐겁게 먹고 마시는 일을 가장 행복하게 생각하는 프랑스인 중 한 사람이다. 화가의 인생관을 듣고 나니 주방과 관련된 물건들이 레드 계열이라는 점을 이해할 수 있었다. 보통 사람이라면 꿈도 꾸지 못할 레드 주방은 한 집의 심장부라는 콘셉트에 어울리는 컬러를 채우고, 인테리어 아이템으로 그림을 과감하게 설치할 줄 아는 뜨거운 가슴을 가진 소피 스템퍼의 모습 그 자체인지도 모르겠다.

1. 작품 보호를 위해 테라스에 지붕을 올려 직사광선을 차단했다. 지붕 기둥 주변에 소피가 공들여 제작한 모자이크 작품이 돋보인다.
2. 토스트기나 전기 포트는 물론 머그컵까지 감춰 주는 미닫이문 수납장.
3. 자주 사용하는 물건은 허리선 높이에, 가벼운 물건은 상단에 정리한다는 수납 원칙에 맞춘 수납장.
4. 식탁을 놓은 주방보다 거실 층을 한 단계 높게 설계해 현관과 테라스의 높이 차이를 좁혔다. 덕분에 식탁 뒤로 거실 쪽 작품들까지 돋보인다.

1
23
4

그녀의 주방 꾸미기

포인트 협탁은 요약 노트처럼 사용한다

협탁은 거실, 게스트 룸, 침대 옆에 두면 다른 소품과 함께 인테리어를 부각시키는 한편 한 공간을 압축해서 보여 준다. 그 위에는 거창한 예술 작품 대신 소소한 일상을 담은 액자나 편지를 건다. 누구든 이 코지 공간을 보고 주인의 성격이나 집 전체의 분위기를 예상할 수 있도록 하는 것이 관건이다.

깨진 접시로 모자이크한다

아끼는 접시를 깼다면 그 조각으로 모자이크를 해 보자. 소피는 화분 위를 차마 버리지 못하던 깨진 접시 조각으로 덮었다. 같은 방법으로 트레이나, 소형 협탁을 만들어도 좋다. 조각 사이에 빈 공간은 시판용 도료로 메우고 보호용 니스를 칠하면 유니크한 작품이 탄생한다.

역발상은 리폼의 좋은 도구가 된다

때론 본래 용도와는 전혀 다른 리폼 아이디어가 기막힌 작품을 탄생시킨다. 소피는 할머니 집에서 가져온 구식 주물 난로를 색칠해 화초 테이블로 사용한다. 초등학교 때 사용했던 이젤 삼각대는 스탠드 조명 다리로 사용하기 훌륭하다. 부러진 나뭇가지도 잘 손질하면 액세서리를 거는 보관함으로 활용할 수 있다.

소피의 주방 보물

1. 한국의 코스모스처럼 많은 사랑을 받는 프랑스의 야생화, 개양귀비 모티프가 화려한 접시 세트.
2. 레드 컬러가 주를 이루는 주방 그릇들.
3. 색깔에 반해 벼룩시장에서 구입한 화병.
4. 어머니의 집 창고에 버려져 있던 것을 가져와 빨간색으로 칠한 촛대.
5. 애연가인 소피의 눈에 들어온 재털이. 남프랑스의 벼룩시장에서 구입했다.

그녀의 레시피

프랑스 뿐 아니라 전세계적으로 가장 인기있는 디저트인 티라미수는 원래 이탈리아가 본고장이다. 독약처럼 쓰고 천국처럼 달콤한 티라미수는 그 상반된 맛 때문에 가장 대중적인 디저트로 자리잡았다. 일반적으로 큰 그라탱 용기에 만들어 덜어 먹는데 소피는 개별 그릇에 담아 파티 푸드로 연출했다. 커피와 함께 먹어도 잘 어울린다.

티라미수

재료 6인분

유기농 달걀 4개, 마스카포네 치즈 500g
쿠키 또는 제누아즈(카스텔라) 200g, 설탕 100g
코냑(그랑 마르니에 또는 럼주) 100㎖, 카카오가루(무설탕) 50g

이렇게 만드세요

1 볼에 달걀 노른자와 설탕 50g를 담고 핸드 믹서로 2~3분간 휘핑해 크림 상태로 만든 뒤 마스카포네 치즈를 잘 섞는다.

2 볼에 흰자와 남은 설탕을 넣고 휘핑해 끝이 뾰족하게 서도록 단단한 머랭을 만든다.

3 ①에 머랭을 서너 번 나누어 넣어가며 볼륨이 꺼지지 않도록 조심하며 섞는다.

4 바닥이 넓은 용기에 코냑을 붓고 쿠키를 담가 술을 모두 빨아들일 때까지 둔다.

5 그릇에 ④를 약간 깔고 위에 ③의 절반 분량을 깐다. 이 과정을 한번 더 반복한다.

6 ⑤는 냉장 보관하고 먹기 직전에 꺼내어 위에 카카오가루를 체에 쳐서 장식한다.

TIP 일반적으로는 럼주를 많이 이용하지만 코냑을 이용하면 더 고급스럽다

04

요리하는 남자의 **최적의 주방**

프랑크 부와상 Franck Boissin

헤드 헌터
클리시Clichy, 약 200m² 복층 아파트

프랑크는 로랑스와 재혼하면서 아이 둘이 더 생겨 네 아이의 아빠가 되었다. 그는 아내의 아이들을 받아들이면서 위 아래층의 아파트 두 채를 구입해 대가족이 살 복층으로 개조했다. 아내에 대한 그의 지긋한 사랑을 멋지게 입증해 보인 셈이다. 개방적인 사고를 가진 사회라고 해도 재혼한 아내의 자녀를 받아들이는 것과 사랑하는 건 별개의 문제다. 하지만 프랑크에겐 자신과 아내의 분신인 네 아이 모두가 소중하다. 그의 주방에서 여유로움이 느껴진 건 넓고 호화로운 집에 압도되어서만은 아니다. 사랑하는 아내를 위해 요리를 배우고 아이들을 위해 퇴근 후 앞치마를 두르는 게 행복이라는 이 남자의 포용력이 주방에 진하게 묻어있기 때문이다.

가족의 행복을 위해 요리 배우는 자상한 남편

의약품 전문회사의 요직만을 스카우트하는 헤드헌터 프랑크 부와상이 요리를 사랑하게 된 배경에는 아내 로랑스가 있었다. 그녀를 알기 전까지는 그도 요리와 담쌓은 많은 현대인들 중 한 명이었다. 프랑스에선 '맛의 디자이너'라 불리는 셰프가 가장 인기 있는 직업 중 하나이다. 남자 셰프들은 매력적인 외모를 지니지 않아도 조지 클루니 못지 않은 인기를 구가할 정도다.
"처음부터 아내에게 잘 보일 목적으로 요리를 배운 건 아니었어요. 교제를 시작하고 보니 그녀가 저보다도 더 요리에 대해 문외한이더군요. 냉동 식품이나 피자로 끼니를 해결하는 정도였지요. 아이들을 위해서, 그리고 아내가 기뻐하리라 생각하니 요리 배우는 일이 겁나지 않았어요."

주방, 다이닝 룸, 거실 면적을 최대한 비슷하게 분배하다

새로운 사람을 만나길 좋아하는 프랑크의 유쾌한 이야기를 듣다 보니 그의 세상은 아내를 중심으로 돌고 있다는 사실을 알 수 있었다. 건축가와 주방 전문 디자이너를 동원해 꾸민 주방도 프랑크와 로랑스의 러브스토리가 없었다면 탄생되지 못했을 것 아닌가.
" 예전에는 주방이 두 개로 나뉜 아이들 방이었어요. 주방과 다이닝 룸을 넓게 쓰고 싶다는 우리의 의견을 반영해 건축가가 새로 설계를 했죠."
마침 비는 윗층 아파트를 매입, 개조해 아이들 방을 옮기고 1층 거실 끝에 부부의 스위트 룸을 마련하자 큰 ㄴ자 구조의 공간이 나왔다. 벽 없이 트인 공간을 원했던 그에겐 주방과 다이닝 룸, 거실을 한 공간 안에서 사용하기에 더없이 좋은 구조였다. 운 좋게도 세 공간의 크기나 사용 빈도는 비율이 비슷했다.
"요리를 하고 있으면 6살된 막내딸이 자기도 베이킹을 하겠다고 키높이 의자를 가져와 아일랜드 식탁 끝에 자리를 잡죠. 아래층 어디에 있어도 혼자라는 기분을 느낄 새가 없어요."
주방을 한 가정의 심장이라고 비유하는 건 바로 이런 이유다. 높은 천장이 연출하는 럭셔리한 공간으로 예쁜 햇살이 스며들고, 그 사이로 사랑하는 아이들이 오르내리는 모습을 바라보며 부부는 흐뭇해진다. 그들에게 묻진 않았지만 이런 게 '최고의 행복'임에 틀림없었다.

1
2

1. 프랑크가 생각하는 최고의 주방 데커레이션 아이템은 다름 아닌 전자제품이다. 요리에 집중할 수 있는 필수 기구만을 배치했지만 자체적인 세련미를 느낄 수 있다.
2. 프랑크의 큰 키에 맞도록 작업대, 서랍장을 평균보다 조금 높게 정했다. 전체적으로 화이트 톤을 선택했지만 이 공간에서 가장 중요한 오른쪽 벽은 강렬한 컬러로 시선을 집중시켰다.

오로지 기능성에 초점을 맞춰 꾸민 시스템 주방

프랑크는 주방 공사를 시스템 주방가구 업체에 맡겼다. 직장일로 일 분 일 초가 아쉬운 그로선 기능성이 뛰어나고 디자인이 세련된 주방가구가 최선의 선택이었다.

"주방 가구 매장에서 원하는 디자인 샘플을 고르고 우리 가족에게 적합한 설계 시안을 결정했어요. 최근 출시되었다는 새로운 디자인도 추가하고요."

주방의 아일랜드 식탁에 감쪽같이 숨겨진 전기 콘센트가 그 예다. 보기 싫은 콘센트가 식탁 구멍 사이로 감춰져 주방이 깔끔해지는 건 물론이고, 감전사고를 예방해 주어 일석이조였다. 가족 중 주로 요리를 하는 프랑크의 키에 맞춰 싱크대와 아일랜드의 높이, 가전제품의 위치를 조절했다. 일반적으로 허리선 아래에 놓는 오븐을 그의 큰 키에 맞춰 위로 올리고, 슬라이딩 도어를 설치했다. 직각이 되도록 열린 도어는 저절로 미끄러져 들어가 요리를 할 때 공간을 차지하지 않는다. 동선과 작업을 최대한 배려하는 시스템 주방의 장점이 여기 있다.

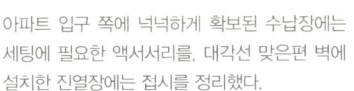

아파트 입구 쪽에 넉넉하게 확보된 수납장에는 세팅에 필요한 액서서리를, 대각선 맞은편 벽에 설치한 진열장에는 접시를 정리했다.

셰프에게 요리를 배우며 스트레스를 날린다

할머니의 어깨 너머로 음식 하는 모습을 자연스럽게 보며 자란 사람에게는 요리를 배우는 일이 새로울 게 없겠지만, 평생 자신과 상관없는 일이라고 여긴 사람에게는 달걀 한 개 깨뜨리는 일도 낯설고 부담일 수 있다. 후자에 가까웠던 프랑크는 아무에게서나 요리를 배우기는 싫었다. 그러던 중, 우연히 마음에 쏙 드는 요리 스승을 발견하게 되었다. 프로방스 지방으로 출장을 갔다가 들른 셰프 레지 & 자크 마르콩 Regis & Jacques Marcon의 레스토랑에서 그가 원하는 음식의 맛과 분위기를 찾은 것이다. 마르콩이라면 하늘의 별을 따는 편이 더 쉽다는 말이 나올 만큼 어려운 프랑스 공인 자격시험에 합격하고, 최고 레스토랑을 선발하는 미슐랭 가이드에서 별 3개를 따낸 부자 셰프였다. 아버지와 아들이 레스토랑에서 쿠킹클래스까지 연다니 프랑크가 그 기회를 마다할 리 없었다. 지방의 특산 재료를 구입하기 위해 각 농장을 찾는 일부터, 식재료를 다듬어 요리를 완성하기까지 수업은 1박 2일로 짜여 있다. 이 수업에 참석하기 위해 레스토랑이 있는 생-보네-르-프로와 Saint-Bonnet-le-Froid로 벌써 3번이나 다녀왔다고 말하는 프랑크의 얼굴이 빛난다.

"사무적인 일을 하는 직업이라 늘 스트레스를 느끼며 사는데, 요리는 처음부터 끝까지 창조의 세계더군요. 남들은 퇴근 후에 요리하는 게 피곤하지 않냐고 묻지만 안 그래요! 뭐랄까, 온갖 색깔의 채소를 고르고 재료를 다듬는 시간이 오히려 하루의 스트레스를 말끔히 잊게 해주거든요. 일종의 컬러테라피죠."

즐거워야 더 빨리 배우고 실력도 빨리 향상된다는 말이 있다. 건강한 취미를 찾은 프랑크는 요리를 하면서 연신 싱글거린다. 그의 요리는 어땠냐고 묻는다면 나의 대답은 이렇다. Un bout de paradis (천국의 한 조각)!

1
2
3

1. 구석 자리의 통조림을 꺼내기 위해 앞쪽 물건을 모두 꺼내야 하는 경험을 해 본 사람이라면 수납공간에 대한 아쉬움이 있을 것이다. 프랑크의 시크한 시스템 주방에서 가장 부러웠던 건 완벽한 재료 수납장이었다.
2. 로랑스는 벽면 컬러를 짙은 가지색으로 정했는데 결과적으로 고혹적인 분위기의 주방이 연출되어 프랑크도 만족스럽단다.
3. 아빠의 요리를 돕는 자녀들이 마주 보고 어시스턴트를 하는 위치. 하지만 프랑크는 맞은편 칠판에 낙서하는 딸아이를 바라보는 일이 더 큰 행복이다.

그의 주방 꾸미기

수준에 맞는 요리책을 준비한다

시스템이 잘 갖춰진 주방에서 요리하는 즐거움을 느끼지 못했다면 먼저 요리책에 관심을 가져 보자. 서점에는 좋은 먹거리에 관한 책들이 차고 넘친다. 이때 무엇보다 자신의 수준에 맞는 책을 선택한다. 콩피와 크렘브륄레를 아는 사람이, 파스타를 모르는 사람과 같은 수준의 책을 선택할 수는 없다. 작정하고 요리를 배울 생각이라면 상중하급 요리책을 한 권씩 모두 구비하는 것도 좋은 방법. 손님이 누가 오든, 어느 때든 상황에 맞는 음식을 만들고 나만의 레시피로 응용할 수 있다.

기본 도구 구입은 낭비가 아닌 필수다

쇼콜라티에가 멋져 보인다고 느닷없이 템퍼링에 필요한 전문 도구를 구입하는 건 과한 행동이다. 하지만 와인을 취미로 삼고 싶다면 와인 오프너를, 케이크를 만들고 싶다면 핸드 믹서를 산다면 투자다. 공짜로 주는 사은품으로 만족하지 말고 중간 수준 이상의 도구를 마련해 보자. 투자를 하면 아까워서라도 배우게 되는 법이다.

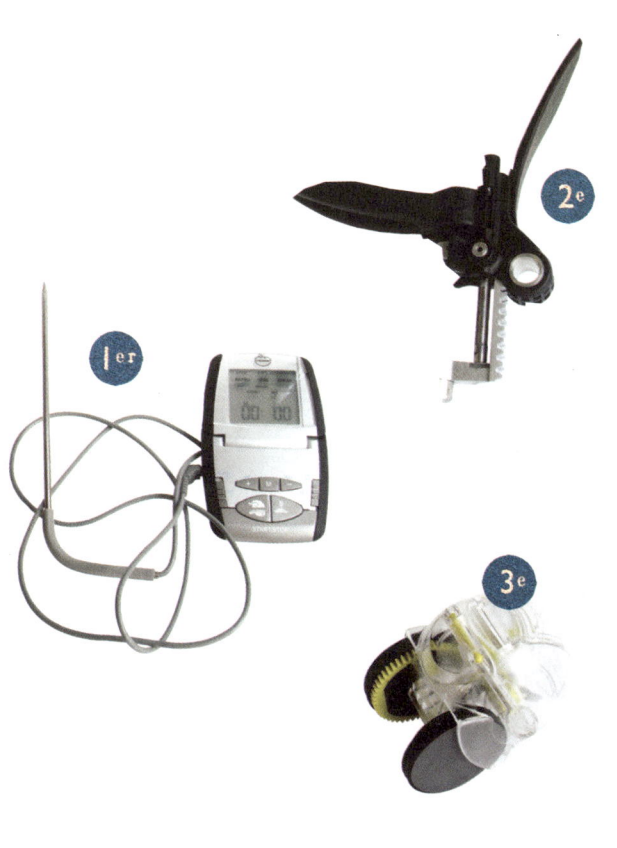
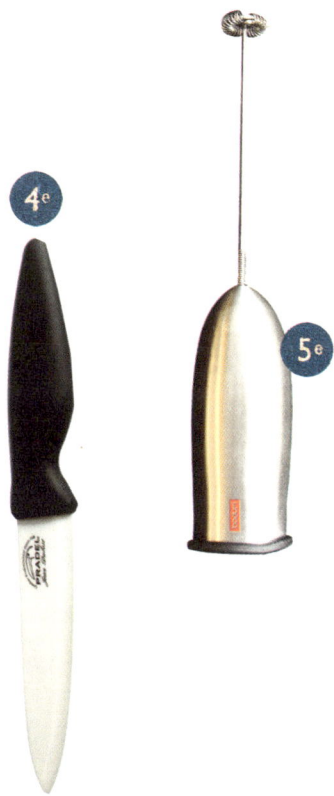

프랑크의 살림 연장

1. 소형 주방기구 전문 브랜드 마스트라드Mastrad의 주방용 온도계. 디지털이라 정확한 온도를 알 수 있고 입력한 온도가 되면 알람이 울려 셰프들이 애용하는 제품이다.
2. 병따개 명품 브랜드 스크류풀Screwpull의 와인 오프너. 한 손만으로 와인을 오픈할 수 있다.
3. 마늘 프레서. 깐 마늘을 넣고 바닥에 굴리면 작은 입자로 분쇄된다. 많은 양보다 한두 톨을 바로 으깨 사용할 때 유용하다.
4. 프랑스 셰프들의 로망이라고 불리는 프라델Pradel 명품 주방 칼. 세라믹 소재라 아무리 오래 써도 무뎌지지 않는다.
5. 보덤Bodum의 거품기. 핸드 믹서를 사용하기엔 양이 적은 소스를 섞을 때 편리하다.

그의 레시피

크럼블은 부드럽고 달콤해서 디저트나 빵과 맛의 조화가 잘 어울린다. 밀가루, 버터, 설탕으로 만든 크럼블을 디저트 레시피에 조금 첨가하면 맛을 풍부하게 한다.

프랑스에는 설탕량을 조절한 크럼블을 전식에 올리는 요리가 무궁무진하다. 프랑크의 토마토 크럼블도 그 중 하나로 셰프의 요리책에서 힌트를 얻은 레시피다. 짠 맛과 궁합이 좋아 채소와 조합하면 고급 에피타이저로, 과일로 대체하면 달콤한 디저트로도 뒤지지 않는다.

크럼블 올린 토마토

재료 4~6인용

토마토(중간 크기) 8개, 박력분 · 플레인 요구르트(무가당) 125g씩
버터(실온에 둔 것) 50g, 설탕 30g, 잣 20g, 파슬리 1/4단, 마늘 2톨
올리브 오일 · 사워크림 4큰술씩, 감식초 1큰술, 소금 · 후춧가루 약간씩

이렇게 만드세요

1 볼에 버터를 담고 거품기로 저어 푼다.

2 ①에 체 친 박력분과 설탕, 소금을 넣고 고루 섞어 랩에 평평히 펼친 후 덮어 냉동실에 1시간 이상 넣어둔다.

3 그라탱 용기에 올리브 오일 2큰술을 바른 뒤 마늘을 세로로 잘라 절단된 면을 용기에 문질러 향을 입힌다. 그런 뒤 슬라이스해 바닥에 깐다.

4 ③에 토마토를 0.7㎝ 폭으로 잘라 약간씩 겹치게 둘러 깐다. 올리브 오일 2큰술을 두른 뒤 소금으로 간한다.

5 ②를 냉동실에서 꺼내 양손으로 문질러 잘게 가루를 낸 뒤 ④위에 솔솔 뿌리고 잣을 올린다. 이때 크럼블 층이 얇으면 식감이 잘 살지 않으므로 분량대로 깐다.

6 180℃로 예열한 오븐에서 약 20분간 굽는다.

7 볼에 플레인 요구르트, 사워크림, 감식초를 넣고 잘 섞은 뒤 소금, 후춧가루로 간해 냉장 보관한다.

8 구운 크럼블 위에 송송 썬 파슬리를 뿌리고 ⑦의 크림을 얹어 먹는다.

TIP 빵에 올릴 크럼블이 아니므로 되도록 잘게 부순다. 이 때 실내 온도가 높거나 손이 따뜻하면 버터가 쉽게 녹기 때문에 재빨리 진행한다.

05
한 폭의 그림처럼
벽 전체에 꾸민
전면 주방

엘로디 라레우스 Elodie Laléous

산업 디자이너
파리 18구, 약 55m² 아파트
www.lab-boutique.com

조근조근한 말투, 잔잔한 눈웃음…. 누가 봐도 엘로디 라데우스는 천상 여자다. 하지만 어디서 그런 용기가 났는지, 찻길에 자리한 허름한 단층 목공소를 고쳐 살자고 남편을 설득했다. 하늘만큼 높은 물가와 집세의 부담을 떠안더라도 파리지엥으로 남고 싶은 사람이나 혹은 변두리의 넓은 아파트를 포기하고 파리 입성을 꿈꾸는 젊은 20대라면 가능한 일이겠지만 예비 엄마인 그녀가 왜 이런 선택을 했을까?

엘로디의 집은 서민들이 모여 산다는 18구지만, 엄연한 파리다. 10분만 걸으면 몽마르트 언덕이 보이고 지하철 정류장이 코 앞인 집. 하지만 파리에서 너무 귀한 원석을 찾아낸 대가로 치러야 했던 과정은 혹독했다. 엘로디가 풀어내는 사연 속에는 세상에서 가장 아름답다는 파리에 대한 확신이 담겨 있다.

길고 길었던 6개월간의 목공소 개조 일기

엘로디의 주방을 이야기하려면 클로에Chloe에서의 직장생활을 잠시나마 언급하지 않을 수 없다. 일 년 전부터 그녀가 디자인과 제작을 맡고 있는 가구 사이트 '랩-부티크'는 분명 전 직장의 경험이 있었기에 시작할 수 있었다.

"직장에서의 위치가 너나 할 것 없이 불안한 시기에 살고 있잖아요. 하루라도 젊었을 때 내 사업에 투자하는 게 현명하다고 생각했어요. 사업을 위해서 아틀리에를 겸한 아파트를 찾기로 마음먹었죠."

남편과 적당한 장소를 일 년 넘게 찾은 뒤, 인연이 닿은 곳이 18구의 작은 목공소였다. 사실 부부의 신용으로 받을 수 있는 은행 대출금이 많지 않아 파리 안에서 조건이 맞는 집을 구하는 일은 불가능에 가까웠다. 운 좋게 목공소 주인과 직거래했지만 고생의 시작이었다. 지하 창고만 달랑 달린 좁고 긴 아틀리에를 거주지로 만들기까지 걸린 시간만 6개월, 공사비는 집값만큼이나 들었다. 주거지로 삼기엔 결점 투성이었던 장소를 더 바랄 수 없을 만큼 잘 개조했지만 아쉽게도 전망은 포기할 수밖에 없었다. 파리라는 이점, 편리한 교통, 주변 부대시설까지 얻었으니 결국 멋진 전망은 포기하고 불투명한 특수 고정 유리로 파사드 공사를 마쳤다. 이 파사드는 길을 접하고 있어 내부 보호를 위해 공간 진입용으로 쓰지 않고 창문으로 사용한다. 건물 전체의 중앙출입로를 통해 일반 아파트처럼 사람들이 드나드는 구조다. 시야가 막혀서 갑갑하지 않냐고 묻자 그녀는 '물론'이라며 웃는다. 하지만 파사드 유리의 윗창이 오픈되어 환기를 할 수 있고, 전면 유리임에도 겨울철에는 난방도 잘 되어서 불편함이 없다. 뭐라 해도 땅값 순위 세계 3위의 파리 한복판에 마련한 내 집이 아닌가? 이런 상황을 두고 고생 끝에 낙이 온다고 하나 보다.

1
2 3

1. 엘로디의 시스템 주방 중 유일하게 직접 제작한 선반. 합판 단면이 하나의 무늬를 이루도록 두껍게 재단한 선반 위에 매일 한 번 이상 사용하는 식기를 진열했다.
2. 나무 조각들을 이어 만든 패치워크 스툴은 핀란드 디자이너 피트 헤인 에이크Piet Hein Eek의 한정품.
3. 미니멀 스타일을 선호하는 엘로디는 계단 난간을 책장을 겸하는 디자인으로 설계했다. 좁은 공간이니 활동 반경 안에 필수품만 두자는 철칙에 맞도록 고안한 아이디어였다.

좁은 집에서 넓게 사는 방법을 찾다

내가 14년 동안 프랑스에서 살았던 집 네 곳의 유일한 공통점은 거실과 주방에 경계가 없는 원룸 구조였다는 것이다. 요즘 프랑스는 주방과 다이닝 룸을 벽으로 나누던 전형적인 집 구조보다 아일랜드 배치로 구분할 수 있는 공간을 선호한다. 결국 한 평이 아쉬운 상황에서 시각적으로나마 넓게 쓰자는 의도인데 엘로디의 공간도 이 흐름을 따랐다. 덕분에 그녀는 좁은 집에서 남부럽지 않은 주방을 갖게 되었다.

"침실은 잠만 자는 곳이니까 지하에 두고, 태어날 아이 방은 1층 끝으로 배치하고 나니 이 공간밖에 남지 않았어요. 혼자 일하는 낮에는 통로에 책상을 놓아도 문제가 없지만, 주방과 거실은 따로 떼기 어려운 구조였어요."

아이 방 벽 쪽에 생각지도 않았던 공간이 생겨 TV를 설치하고 나니 주방과 다이닝 룸을 겸한 거실이 더 넉넉해졌다. 엘로디는 TV 공간을 간이 영화관으로 꾸몄다며 보너스를 얻은 기분이라고 웃는다.

한 치의 오차 없이 재단한 전면 주방

사방이 넉넉한 수납장으로 둘러싸여 있거나 숨은 공간이 포인트가 되는 다른 집에 비해 엘로디의 주방은 참 정직하다. 그녀가 디자인한 가구와 소품을 보여 주는 쇼룸과 다름없는 거실을 부각시키기 위해서라도 주방은 제 기능만을 갖춘 평면적인 공간으로 설계했다. 엘로디는 벽면을 활용해 주방을 만들었다. 그녀는 수납장은 물론이고 작업대, 개수대, 선반까지 한쪽 벽면에 설치 가능한 주방을 직접 구상했다. 엘로디가 제시한 밑그림을 바탕으로 이케아^{Ikea}의 주방 코너 담당자와 의견을 나눈 끝에 지금의 주방을 완성했다. 냉장고, 오븐, 식기세척기 등 필수적인 가전제품을 빌트인하는 것도 잊지 않았다. 한 치의 낭비 없이 공간을 완전하게 활용하기 위해서였다.

"수납장을 천장까지 닿게 디자인했으니 벽 하나가 주방이 된 셈이죠. 좁지만 보기에도 깔끔하고 기능적인 부분도 만족스러워요."

주방이 된 벽은 이 집에서 제일 넓다. 그만큼 수납 공간이 확보되었다는 뜻이다. 너비와 높이를 조금씩 다르게 해 주방용품뿐 아니라 청소 도구 등 감추고 싶은 살림살이까지 말끔히 정리했으니 이만한 멀티 주방도 없겠다 싶다.

따뜻한 온기를 연출하는 벽돌벽은 개조 공사 중 발견한 보물이다. 스트링 펜던트도 엘로디가 직접 제작했다.

공간의 완성도를 높인 4가지 요소

엘로디도 지인을 초대해 특별식을 척척 내놓는 '세상에서 요리가 제일 쉬운' 프랑스인이라 주방에 대한 애착이 강하다. 하지만 경계도 없는 이 작은 공간을 거실과 함께 쓸 생각을 하지 않았다면 주방은 끼니나 때우는 개성 없는 코너가 될 뻔 했다. 다이닝 룸을 겸한 거실이 없었다면 이 장소에서 퍼지는 따뜻한 기운도 없었을 테니 말이다. 그래서 두 기능이 조화를 이루는 이 공간이 절실히 필요했다.

면적이 빠듯한 집에서는 패브릭을 활용해 공간을 꾸미는 노하우가 필요하다. 엘로디는 체크와 블루 컬러의 가구 시트를 골라 보색 대비를 활용했다. 100% 원목인 가구는 블루 계열 컬러가 가장 잘 어울린다. 또한 체크는 뉴욕풍의 벽돌벽이나 존재감을 숨겨야 하는 주방과 상호 보완할 수 있는 패턴으로 생기를 불러오는 원동력이 되었다. 따뜻한 아날로그적 감성이 느껴지는 건 엘로디가 원목 가구와 벽돌벽, 블루 컬러 액자, 체크 패브릭의 4가지 요소를 균형 있게 활용한 덕분이다.

이 책에 소개된 주방 중에 엘로디의 주방 면적이 가장 작다. 하지만 함께 쓰는 거실에만 색조를 입혀서 반사 효과를 보는 특별한 주방이란 점은 부정할 수 없었다. 평수가 작아서 투자가 꺼려지는 20~30대라면 엘로디가 노력을 쏟아부은 이 주방을 꼼꼼히 살펴 보자. 좁은 공간에서도 그녀처럼 주방을 넓게 쓸 수 있다는 점을 알게 될 것이다.

그녀의 주방 꾸미기

좁은 공간일수록 전면 스타일링이 답이다

공간은 정해져 있는데 너무 많은 것을 담으면 역효과만 난다. 이런 경우 가장 중요한 기능을 결정하고 전면 스타일링을 해 보자. 엘로디는 주방을 넓게 쓰면서 웬만한 잡동사니의 수납 문제를 해결할 수 있도록 전면 주방을 제작했다. 만약 드레스 룸이 꼭 필요하다면 벽면 전체에 행거와 선반을 설치한 뒤 커튼으로 가리면 된다. 대신 자잘한 소품 등은 모두 커튼 뒤에 모아 시선이 분산되지 않도록 정돈한다.

원룸에서는 벽보다 가구를 활용한다

아무리 가벽이 대세라지만 여건이 좋지 않다면 무리하지 말자. 하지만 가구는 다르다. 공간마다 꼭 필요한 가구가 있기 마련이고 기능을 분리할 때 가구만큼 효과적인 도구도 드물다. 소파와 아일랜드 식탁, 침대와 화장대처럼 떼어 놓기 어려운 가구는 배치에 신경을 쓴다. 분명 한 공간에는 가구 두 가지를 사용할 수 있는 공간이 존재한다.

공간 속 모티프를 벽걸이 소품에 응용한다

작은 공간에는 벽 장식이 꽤 효과적인 스타일링이다. 엘로디는 체크 무늬 셔츠를 입은 젊은이와 블루 톤이 강한 사진을 각각 액자에 넣어 허전한 벽을 꾸몄다. 그녀의 거실 속에 이미 배치된 블루와 체크 아이템이 벽으로 번진 듯한 효과가 생겼다. 블루와 체크 패턴은 원목 나무나 벽돌벽 등 내추럴한 인테리어와 황금 궁합이란 사실도 알아두자.

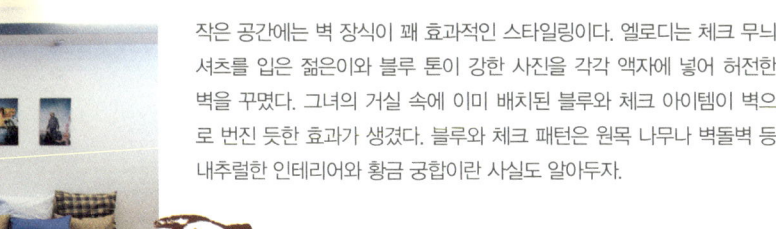

그녀의 레시피

프랑스를 다녀간 나의 지인들은 프랑스 여자들이 너무 날씬하다고 한결같이 놀란다. 프랑스에서는 전식, 본식, 치즈, 후식까지 다 챙겨 먹으면서도 엘로디처럼 몸매 관리를 위해 식단을 조절하는 이들이 많다.

특히 타르트와 키슈는 토핑에 따라 얼마든지 칼로리 조절을 할 수가 있다. 정통 키슈에 들어가는 사워크림을 두부크림으로 대처하거나 치즈의 양을 줄이고 채소를 넣으면 된다. 엘로디가 소개하는 것처럼 토마토나 색깔 예쁜 채소들을 듬뿍 올리고 크림 양을 조절하면 다이어트 식단으로 제법 잘 어울린다.

토마토타르트

재료 지름 28cm 타르트용 틀 1개

파이지 1장, 토마토(중간 크기) 4개, 사워크림 3큰술, 박력분 1큰술
머스터드 소스 2~3작은술, 소금·후춧가루 약간씩, 버터 적당량

 **이렇게 만드세요**

1 볼에 체 친 박력분과 사워크림, 소금, 후춧가루를 넣고 고루 섞는다.

2 타르트 틀에 상온에 두어 녹은 버터를 바르고 파이지를 깐다. 포크로 파이지에 구멍을 내 200℃로 예열한 오븐에 5초간 초벌구이한다.

3 ②의 파이지에 머스터드 소스를 적당히 바르고 ①을 붓는다.

4 ③위에 1cm 두께로 썬 토마토를 올리고 200℃로 예열한 오븐에서 약 25분간 굽는다.

TIP 파이지를 초벌구이하기 전에 포크로 구멍을 내면 지나치게 부풀어 오르는 것을 막아준다. 좀 더 풍부한 맛을 원한다면 마지막에 치즈 가루를 뿌려 굽는다.

Epilogue

프롤로그에서도 밝혔지만 『파리지엥의 주방』을 기획하면서 처음에는 각 주방의 외적인 모습에 중점을 두어 취재를 했다. 프랑스의 입식, 식탁, 건축 문화가 오랜 세월 누적되어 완성된 그들의 공간이 우리네와 어떻게 다른지 겉모습을 보여 주는데 더 치중했다. 차이를 찾겠다는 목적의식 덕분이었을까? 찾아낸 공통점은 명백했다.

가구를 구입하기 전에 먼저 바닥과 벽을 공사하고 비용에 맞는 주방 전문점을 찾아 설계를 하는 것. 가격의 차이는 있지만 이 책에 소개하지 않은 일반 프랑스 가정에서도 열이면 여덟, 아홉은 비슷한 과정을 거쳐 주방을 꾸민다. 즉 짜깁기처럼 가구와 전자제품을 들이는 것이 아니라 공간 전체의 분위기를 구상한 뒤 기본 예산을 계획하는 식이다.

반면 인테리어 스타일링은 파리지엥 고유의 자유 의지가 돋보였다. 남들 이목과 기준에 얽매이지 않고 유행과 고급 문화를 쉽게 따르지 않는 모습이 인상적이었다. 결과적으로 보이는 외관이 어떻든지 간에 이들은 본인의 수준에 맞게, 자신의 취향과 욕구에 귀 기울이며 주방이라는 공간을 여유롭게 완성해가는 것 같았다.

프랑스말로 친구의 다른 말인 코빵Copain의 뜻은 '빵을 나누어 먹을 만큼 소중한 사람'이라는 뜻이다. 그렇게 소중한 사람들과 함께 먹을 음식을 차리는 장소가 바로 '주방'이라니 그 진가를 짐작하고도 남겠다.

뿐만 아니라 주방은…
한 가정의 행복이 시작되는 곳,

지친 마음을 내려놓는 곳,
다른 사람을 이해하는 곳,
화난 얼굴로 있을 수 없는 곳,

그래서 주방 없이는 '집' 또는 '가정'이라는 존재 자체가 불가능한 곳.
이 책에 나오는 22명의 프랑스인들이 표현한 주방의 가치다. 주방을 '집의 심장'이라고 일컫는 관용어는 절대에 가깝다.
외국인들은 "프랑스인들은 2시간씩 식사를 한다"는 말로 이들의 유난한 요리 사랑을 비꼬기도 한다. 이런 편견 역시 프랑스인에게 음식을 먹는 일이 얼마나 중요한지를 보여 준다. 이들에게 식사 시간은 단순히 음식을 먹는 것 이상의 의미가 있다. 가족이 얼굴을 맞대고 하루 일과를 이야기하는 이 시간만큼은 나누지 못할 주제나 세대 차이가 없다. 시사 문제부터 소소한 일상생활 이야기까지 주고 받다보면 2시간이 모자라기도 한다. 프랑스의 예술이 이들의 대화에서 나오고, 그 정신의 충전소가 다름 아닌 주방이란 사실을 나도 깨닫게 되었다.

주방, 여자아이라면 어린 시절 소꿉놀이를 하며 무의식적으로 마음에 제일 먼저 담는 공간이다. 그 무의식 속 장소는 어른이 된 여자들이 가장 소중하게 여기는 공간과 일치한다. 아마도 주방이 '여자들의 로망'인 이유일 것이다. 이제 이 책에 소개한 22인의 파리지엥의 답처럼 나의 주방에 대한 답을 찾아보자. 진정한 의미의 '나만의 주방'은 어떤 모습을 하고 있는지?

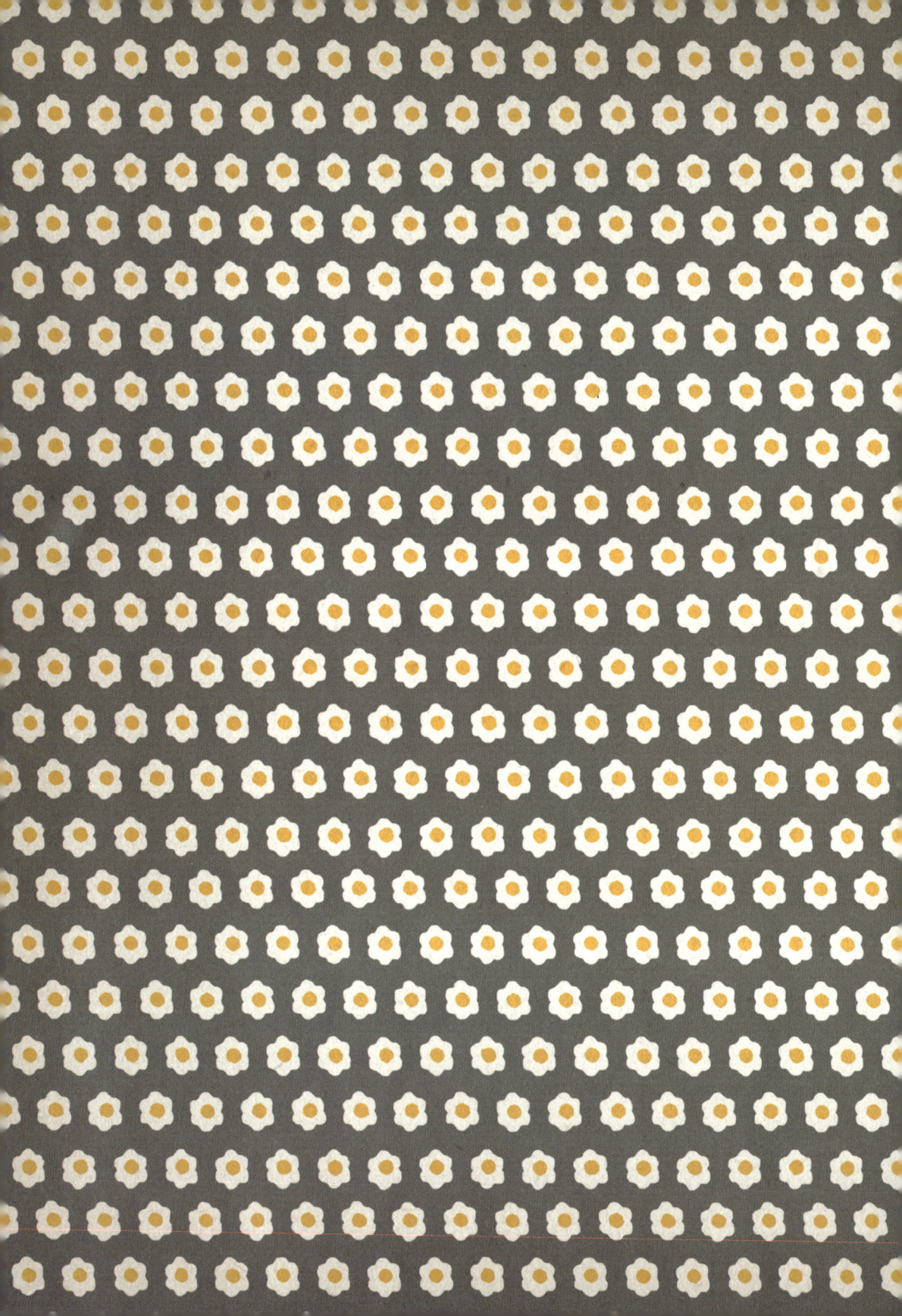

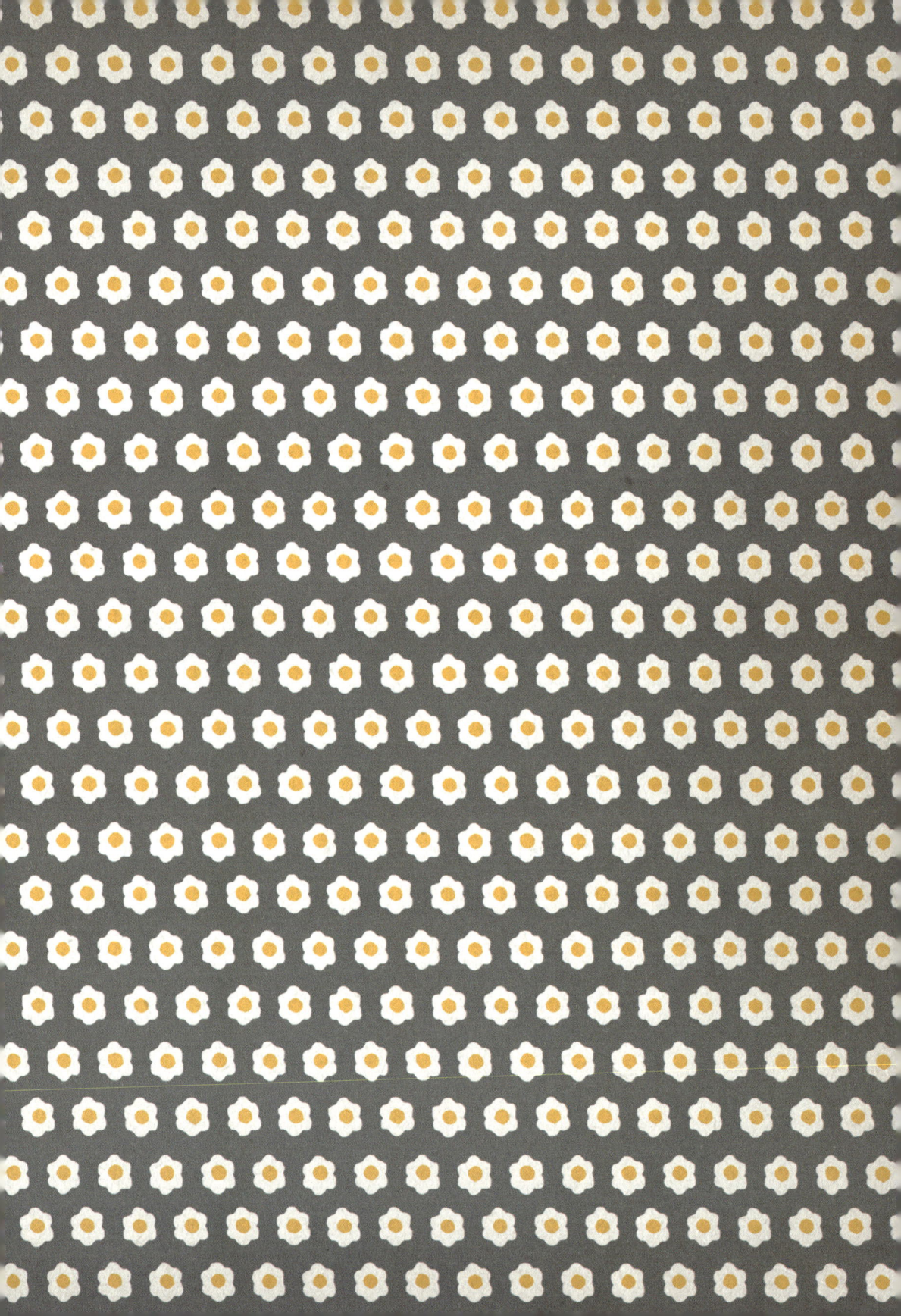

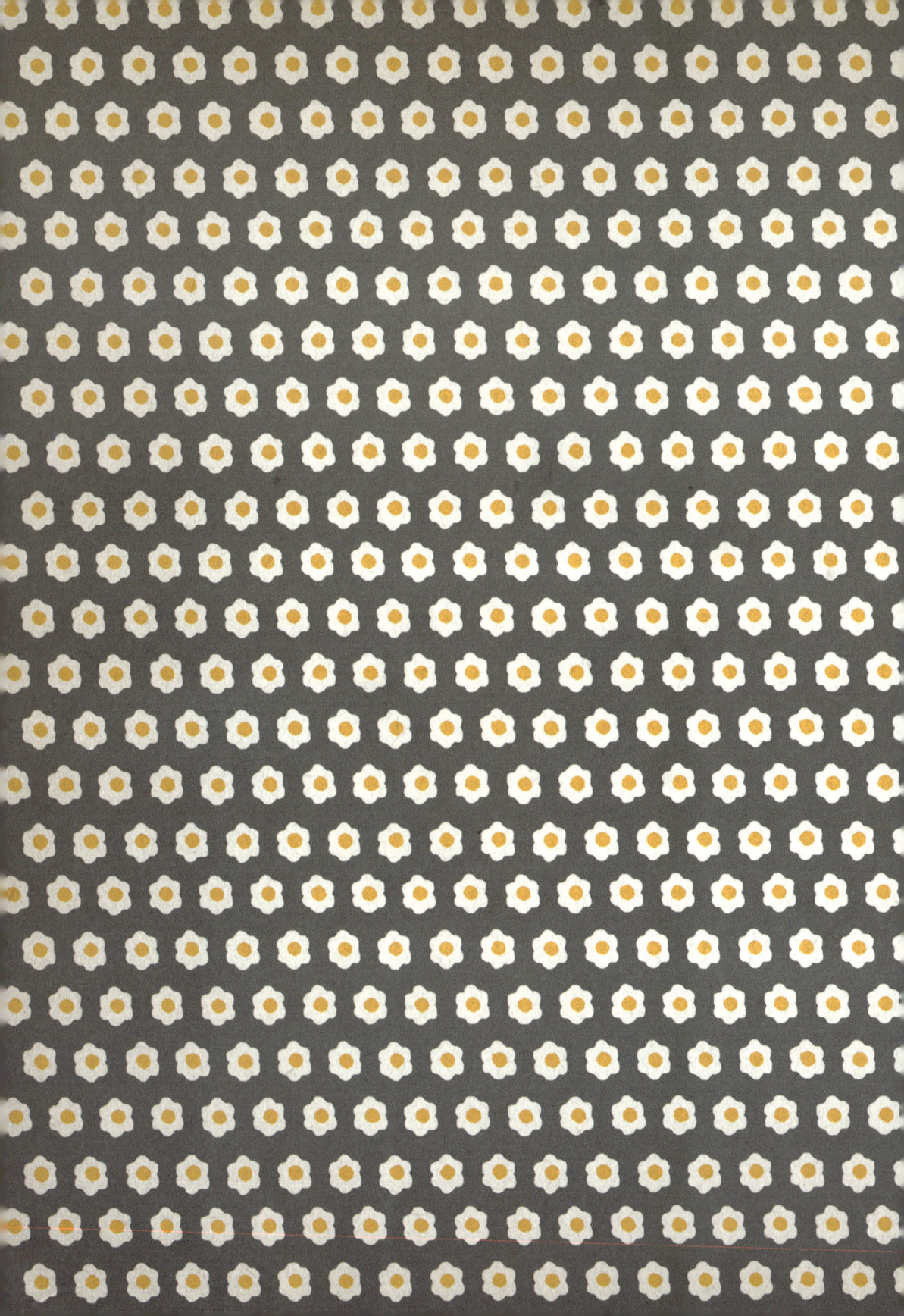